維新前夜の京をゆく

新選組見聞録

京都新聞出版センター

維新前夜の京をゆく　新選組見聞録

目次

本書の利用にあたって

■ 本書のデータは、2004年３月現在のものです。

■ 本書に掲載されている史跡、またその周辺には、現在お住まいの方々もおられます。史跡巡りの際は、ご迷惑にならないようくれぐれもマナーを守りましょう。

〈お墓参りの心得〉

■ お墓参りの際は、寺院や持ち主にその旨を申し出て下さい。

■ 飲食物のお供物は置き去りにせず、各自持ち帰ってください。

■ 寺院や持ち主に迷惑をかけないようマナーを守ってください。

第一章

京を駆ける新選組

憧れの都 浪士組 歓びの入洛

浪士組入洛

◇蹴上～旧前川邸～新選組記念館

一八六三（文久三）年二月二十三日、京・東山の蹴上《けあげ》の坂を下る二百三十四人の無骨な浪人の集団があった。八日、江戸・板橋を発ち、中山道の木曽路越え。近江の草津で東海道に合流、百三十三里を歩きに歩いた。蹴上を下れば、三条白川に粟田口《あわたぐち》の道標が見える。京への入り口である京の七口《ななくち》の代表格。東海道五十三次の終点、三条大橋はもうすぐだ。

一行は徳川家茂《いえもち》将軍の入洛警護のため編成された「浪士隊」で、江戸の食い詰め者が多かった。一番隊から七番隊まで編成され、脱藩者、剣士、農民、ヤクザ、儒者もいた。江戸の天然理心流「試衛館《しえいかん》」道場の当主・近藤勇《こんどういさみ》、門下の土方歳三《ひじかたとしぞう》、沖田総司《おきたそうじ》らは、各隊三人ずつの幹部・伍長にも名前がなく、第六番隊の平隊士。近藤勇は一行の先回りをして、計七十宿場の宿泊割り振り担当だっ

近藤や土方は憧れの京の町へ足を踏み入れた（蹴上）

た。

欧米列国の強圧的な開国要求に対して「攘夷《じょうい》」「佐幕《さばく》」を旗印とした。しかし食い詰め者の集団就職といった面が強く、幕府から支給された路銀《ろぎん》十両に目を細めたものだ。

当時の京は、脱藩した尊王《そんのう》攘夷の討幕派志士が続々と入洛し、血なまぐさい暗殺事件が相次ぎ、京都所司代、東西町奉行の警察力では治安維持が不能な状態。前年十二月には会津藩主・松平容保《かたもり》が、京都守護職という京都所司代の上に立つ重職

リーダーの清河八郎(左上)が隊員を集めて演説をぶった新徳禅寺正門(上)と本堂(下)

入洛した隊士の宿舎となった旧前川邸

を担い、屋敷は急ごしらえもできず、左京区黒谷《くろだに》の金戒光明寺《こんかいこうみょうじ》（黒谷さん）のほぼ全部を守護職屋敷に召し上げ、京の市中取り締まりの指揮を執っていた。

浪士隊は二月二十三日夕刻までに、壬生《みぶ》の屯所十カ所に分宿した。当時の壬生は、見渡すかぎり田園地帯で壬生菜畑や沼地。夜は真っ暗で、近藤勇は「国の多摩とさして変わらぬ。ひどい田舎じゃ」と都への憧れが裏切られた思いだった。

四条大宮を西へ歩いて十分、南側にこんもりとした森が見える。元《もと》祇《ぎ》園《おん》梛《なぎ》神社と持ち帰り弁当屋の間の南

京の治安維持にあたった東西奉行所跡碑

京を支配する要職であった京都所司代跡の碑

北路を、坊《ぼう》城《じょう》通と呼ぶ。五十メートルほどで京福電鉄嵐山線の遮断機付きの踏切、ここからさらに四十メートルほど南の綾小路《あやのこうじ》角に、黒板塀の壬生郷士・旧前川荘司《まえがわそうじ》邸、その南が新徳禅寺《しんとくぜんじ》、向かいは壬生郷士・八木源之丞《やぎげんのじょう》邸、その南隣が有名な壬生寺《みぶでら》だ。

旧前川邸は所有者が変わり、今は田野製袋所となっており見学は不可。黒壁の「維新史蹟につき張り紙禁止」の札だけが、壬生浪士の屯所跡をしのばせるに過ぎない。南の新徳禅寺は地元で「新徳さん」と親しまれるお寺。白壁がまぶしい。ここで、浪士隊が壬生入りした夜、勤王《きんのう》の志士・清《きよ》河八郎《かわはちろう》が全隊員を本堂に集めて、浪士隊の真の目的は天皇警護にあると宣言、将軍入洛警護と攘夷実行を目指した隊員を驚かせ憤慨させた。清河は浪士隊結成を幕府に建言した人物だ。しかし、清河の行動は怪しまれ、天皇の勅諚《ちょくじょう》により「攘夷は江戸にて実行せよ」と突き放され、ほとんどの

立ち寄りSPOT

幸福堂

創業70年を誇る金つば屋さん。名物の金つばはもちろん、天然ヨモギを使用した幸福餅も人気。また店内で腰かけて、お菓子をいただくこともできる。旧前川邸帰りに是非、足を運びたい。

DATA

京都市中京区綾小路坊城東南角（旧前川邸の西向かい）
TEL. 075-841-1940
営業時間／7:30〜19:00
定 休 日／水曜日
料　　金／金つば140円、幸福餅180円

若い隊士らが剣道や砲術の訓練をした壬生寺

隊員が江戸に戻り幕府預かりとなり、多くは新徴組を名乗る。新徳禅寺も一般公開はしていない。

清河八郎は幕府の監視が続き、同年四月十三日、江戸麻生一の橋で幕府側の刺客に暗殺された。郷里の山形県立川町大字清川に清河神社があり、浪士隊本部の新徳禅寺で尊王攘夷、実質的な討幕を説いた時の銅像が記念館前にある。

新選組発祥の地となるのが八木源之丞邸だ。一部は改造されているが、立派な長屋門の奥に本館がある。ここに初志貫徹し、京残留を決めた近藤勇、土方歳三、沖田総司、山南敬助《やまなみけいすけ》、永倉新八《ながくらしんぱち》、原田左之助《はらださのすけ》、藤堂平助《とうどうへいすけ》、井上源三郎《いのうえげんざぶろう》の近藤一派と、芹沢鴨《せりざわかも》、新見錦《にいみにしき》、平間重助《ひらまじゅうすけ》、野口健司《のぐちけんじ》の芹沢一派他計十三人が屯所とした。放逸無頼で京の町民から蛇蝎《だかつ》のごとく嫌われた芹沢鴨の凄惨な粛清は、後の章で述べるが、この八木邸が現場。今も鴨居に長さ五センチほどの刀傷が残る。

八木家は当代が喜久男氏で、八木邸前で「京都

鶴屋 鶴壽庵」という御菓子司を経営している。屯所跡屋敷は見学料千円で詳しい説明が聞け、抹茶とお菓子付き。店では新選組グッズも販売している。またその南は、「京屋忠兵衛」。新選組に関するグッズや資料が所狭しと並べられており、ファンなら一度は訪れてみたい。

さらに南が「ガンデンデン」の壬生狂言で知られる壬生寺。若い世代には「新選組の寺」としての方が有名だ。壬生寺は浪士の屯所ではないが、砲術訓練や朝一番の剣術稽古では、素振り五百回という猛訓練があった。境内右手に近藤勇の胸像、沖田総司、土方歳三らの供養碑、粛清された芹沢鴨、平山五郎《ひらやまごろう》らの墓がある。近藤勇の銅像は、時代劇俳優の上田吉二郎らが発起人となって、昭和四十六年に建てられた。頬骨が出っ張り、四角い顎《あご》と締まった口元、誠を貫いた男の風貌だ。

この一角は、平成十四年に阿弥陀堂が旧地に新造され、お堂を通って志納金百円を払う仕組みになっている。ノートが何冊も置かれており、女子中高生がアニメ風な自分の顔を一ページ丸ごと使って描き「新選組の生き方に感動しました」など、ほとんど恋愛感情のような文面が続く。なかには「壬生狼《みぶろ》」と書いているものがあり、壬生浪が狼

立ち寄りSPOT

京屋忠兵衛

壬生寺の北に「京都新選組同好会」がオープンした新選組のグッズショップ。貴重な資料や、他では手に入らないレアなグッズが所狭しと並べられている。江差町が海底から引き揚げた幕府軍艦「開陽丸」の実物砲弾は必見。

DATA

京都市中京区壬生梛ノ宮町25-2
TEL. 075-821-3234
営業時間／10:00～17:00
定休日／水曜日
料　金／幕末京洛図決定版2000円、新選組ロゴ入りTシャツ2000円

のごとく恐れられたことをちゃんと勉強しているのが分かる。

壬生寺では毎年七月十六日に慰霊祭を営む。これは祇園祭の宵山に、三条《さんじょう》小橋《こばし》西の池田屋襲撃を記念するものだ。

入洛二カ月後には隊士は百三十人に増員されたが、待遇は「京都守護職会津藩預かり」の身分。言わば会津藩が身元引き受け人となるが、まだ幕府の最下級の組織にも組み入れられない浪人集団に過ぎなかった。

見学者の絶えない近藤勇の胸像(壬生寺)

新選組幹部が宿舎にした壬生の八木邸

HISTORIC SPOT GUIDE

史跡ガイド

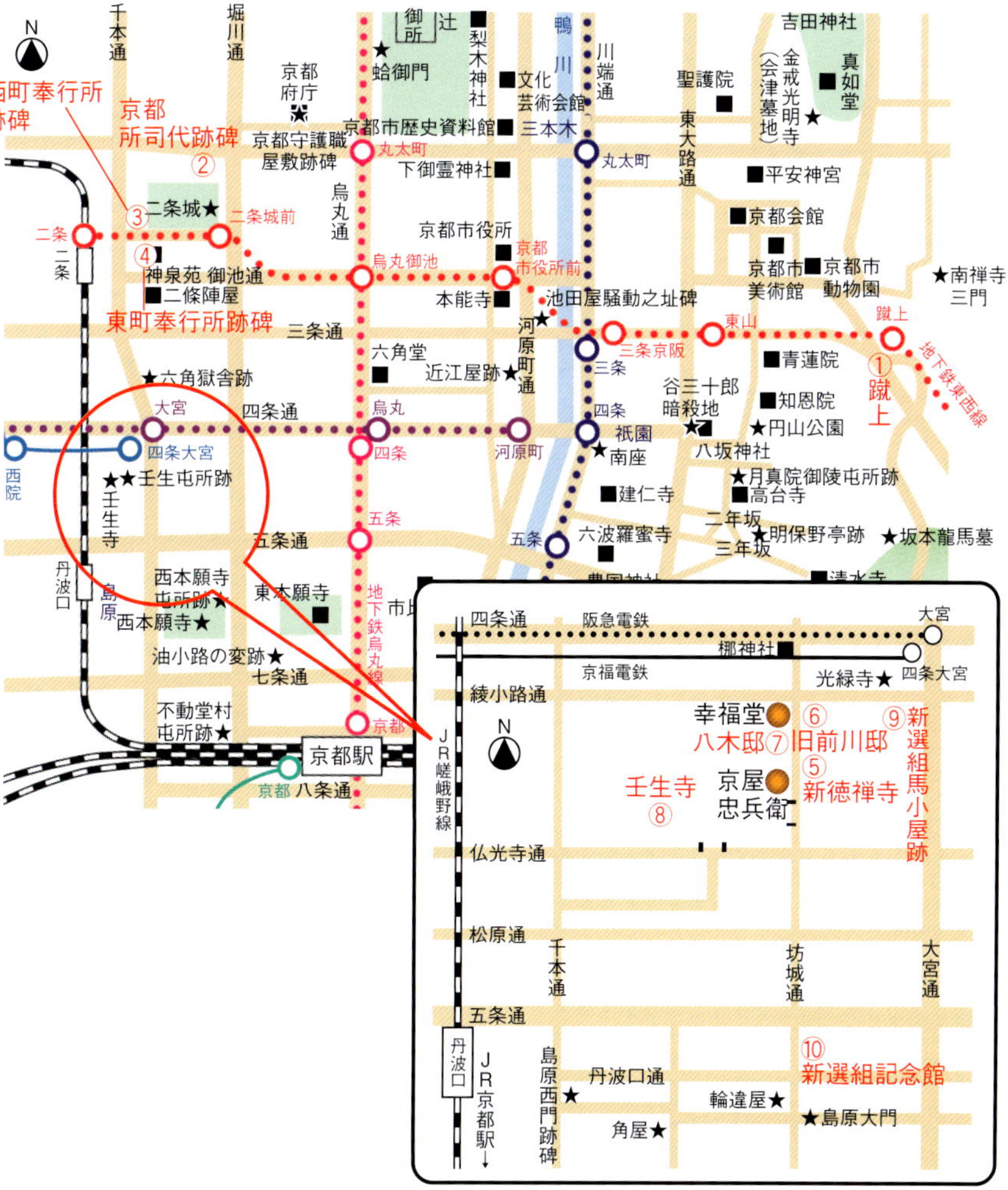

史跡名	所在地	備考
①蹴上	左京区南禅寺福地町	
②京都所司代跡碑	上京区猪熊通丸太町下ル	現「待賢小学校」東側
③西町奉行所跡碑	中京区千本通押小路北東	現「中京中学校」西南角
④東町奉行所跡碑	中京区押小路通神泉苑西入ル	現「NTT」北側
⑤新徳禅寺	中京区坊城通綾小路下ル御所町32	内部非公開
⑥旧前川邸	中京区綾小路坊城東南角御所町49	現「田野製袋所」　内部非公開
⑦八木邸	中京区坊城通綾小路下ル椥ノ宮町24	
⑧壬生寺	中京区坊城通仏光寺上ル椥ノ宮町31	
⑨新選組馬小屋跡	下京区綾小路通大宮西入ル一筋目下ル西側	現「駐車場・住宅」付近
⑩新選組記念館	下京区坊城通五条下ル	

「幕府の武士だ」新選組の隊名 晴れて授かる

新選組誕生

◇金戒光明寺〜京都守護職屋敷跡碑〜妙法院

江戸から長旅の末、浪士隊が着いたのは都のはずれ壬生《みぶ》村（現京都市中京区）だった。夢に見た京の景色と違う。畑の中に寺と農家が点在する風景に「なんだ、ここが京か」と、失望した浪士隊に追い打ちをかける事が起こった。一八六三（文久三）年二月二十三日、京到着後、壬生村の郷士・前川荘司《まえがわそうじ》邸と八木源之丞《やぎげんのじょう》宅に分宿した隊士二百三十四人は、休む間もなく、隣接する新徳禅寺《しんとくぜんじ》の本堂に集められた。

「将軍家茂《いえもち》公の上洛を守るため京へ来たが、浪士隊の本分は尊王攘夷《そんのうじょうい》あるのみ。ただちに江戸に引き返し、押し寄せる黒船から国を守らねばならない…」と勤王《きんのう》討幕論を説いているのは、なんと、幕府に将軍警護の浪士隊結成を上申した、浪士隊のリーダー・清河八郎《きよかわはちろう》ではないか。「やっと京へ着いたのになぜだ。尊王とか攘夷とか、何が何だかよく分からん」。浪士隊の大半は、尊王も攘夷もない。とにかく職にありつけばといった浪人、農民などの烏合《うごう》の衆だった。江戸から京へ向かう浪士隊は、一橋《ひとつばし》派の幕臣・鵜殿鳩翁《うどのきゅうおう》をトップに、無刀流の剣豪で後に維新の立役者となる山《やま》岡鉄舟《おかてっしゅう》、水戸天狗党の芹沢鴨《せりざわかも》らが幹部で、江戸

京の町にニラミを効かせた京都守護職屋敷の門

牛込《うしごめ》の田舎道場・試衛館《しえいかん》グループのメンバーは、近藤が宿の手配をする先番役割に過ぎなかった。
清河の演説に、近藤《こんどう》勇《いさみ》や土方歳三《ひじかたとしぞう》ら天然理心流「試衛館」道場の連中はわが耳を疑った。「そんなバカな…」。剣の道を究め、武士に憧れ、幕

立ち寄りSPOT

丸益西村屋

複合施設京町家SHOP繭の中にある京友禅体験工房。型を使って顔料を刷毛で刷り込む摺込友禅を体験できる。ハンカチや風呂敷など10種類以上のコースがあり、所要時間は約1時間。

DATA

京都市中京区小川通御池下ル
TEL. 075-211-3273
営業時間／9:00～17:00（ショップは19:00まで）
定 休 日／無休
料　　金／ハンカチ1200円、風呂敷（小）1800円

会津藩の本陣が置かれた金戒光明寺（上）と
京都守護職／会津藩主・松平容保（下）

府への忠誠心に燃えて浪士隊に参加したのに、裏切られた気持ちでいっぱいだった。三月十三日、清河に率いられた浪士隊の大半は江戸に引き返したが、試衛館グループと水戸の芹沢鴨《せりざわかも》、新見《にいみ》錦《にしき》グループ、それに地元採用の斎藤一《さいとうはじめ》ら二十四人は、そのまま京に残った。京で生きる道を模索していた残留組は、勤王派志士によるテロ（天《てん》誅《ちゅう》）が横行していた京の治安を守るため、前年から京に駐在していた幕府京都守護職／会津藩主・松平容保《かたもり》に渡りをつけ、三月十日、何とか「京都守護職預かり」の肩書を掌中にした。

会津藩から市中見廻組《みまわりぐみ》の任務を与えられた近藤らは、屯所に帰り「やったぞ。これで京に残れ

黒谷さんの境内の一角にある
会津墓地

る」と喜んだ。手薄になった洛中の警備にあたる会津藩の予備役的な役割だったが、浪士たちにとって京都守護職の末端兵になれたことは、堂々と自慢の剣を振るうチャンスだった。しかし、新選組が正式に武士に取りたてられ、幕臣となるのは

立ち寄りSPOT 松前屋

700年の歴史を誇る老舗の京昆布専門店。足を踏み入れるとまず美しい昆布たちに目を奪われる。職人技で時間と手間をかけ作られた昆布は、健康食としても贈り物としても喜ばれること間違いない。

DATA

京都市中京区釜座通丸太町下ル
TEL. 075-231-4233
営業時間／9:00〜18:00
定休日／日曜日、祝日
料金／比呂女1000円〜、御花昆布2000円〜

四年後の江戸幕府崩壊直前。武士社会の消え去る維新前夜の、慶応三年六月のことである。

洛中警備の任を与えられた新選組は、早速、黒《くろ》谷《だに》・金戒光明寺《こんかいこうみょうじ》にある会津藩本陣に挨拶に出向き、境内で武術の上覧試合を披露する。武士を目指して剣術の腕を磨いてきた天然理心流の近藤勇、土方歳三、沖田総司《おきたそうじ》。仙台藩脱藩浪人で北辰《ほくしん》一刀流《いっとうりゅう》の山南敬助《やまなみけいすけ》や藤堂平助《とうどうへいすけ》、松前藩を脱藩した神道無念流の達人・永倉新八《ながくらしんぱち》、一刀流の名剣士・斎藤一ら個性派ぞろいの剣士たちは心躍らせた。土方vs藤堂、永倉vs斎藤、山南vs沖田などのドリームマッチを近藤が演出。見事な上覧試合を展開したといわれる。

ひっそりと立つ京都守護職屋敷跡碑

「黒谷さん」で知られる金戒光明寺は、知恩院などと並ぶ浄土宗四カ山の一つに数えられる大寺院。広大な境内には塔頭《たっちゅう》が点在、文殊《もんじゅ》塔（三重塔）は重文。本堂横に、幕末に倒れた会津藩士を葬った墓地がある。境内に足を踏み入れると、上覧試合の光景と、苔生《こけむ》す墓石の列に、幕末の動乱が脳裏をかすめる。守護職屋敷はその後上京区に建設され、京都府庁に「京都守護職屋敷跡」の石碑が立っている。

残留浪士二十四人は、近藤ら試衛館グループと芹沢らの水戸派、新たに応募してきた浪士隊の殿《との》内義雄《うちよしお》、家里次郎《いえさとつぐお》などの新参混成グループの三派で組織された。が、元々一匹狼ぞろいの浪士たち。丸く収まるはずがない。殿内が主導権奪取に動いた。慌てた近藤は、芹沢派と手を組み三月二十五

姉小路公知が暗殺された御所の鬼門・猿ヶ辻

都落ちの七卿が集結した妙法院

日夜、近藤自らが四条大橋で殿内を斬り捨てた。殿内派を追放した近藤・芹沢グループは四月二十一日、京を発ち大坂に向かう将軍家茂《いえもち》公の警護に随行した。幕府方や沿道の観衆にアピールする絶好のチャンスと、芹沢、近藤、土方らは制服を作ることを企画。芹沢が大坂の豪商・鴻池《こうのいけ》家から金を借りて、大石内蔵《くらの》助《すけ》を尊敬していた近藤が赤《あこ》穂《う》浪士の装束に似せた羽織、袴《はかま》を発案。

かつて江戸の松坂屋に奉公していた土方がデザインして、京都の大丸呉服店であつらえた。

京の政情は風雲急を告げていた。五月二十日深夜に、三条実美《さねとみ》と並ぶ尊攘派の急先鋒だった公家の姉小路公知《あねこうじきんとも》が、御所の鬼門・猿ヶ辻で暗殺され、八月十八日には公武合体を急ぐ急進派公家によるクーデターが起こり、三条ら親長州派七公卿《くぎょう》が追放される。御所を追われた公卿たちは、東山七条の妙法院《みょうほういん》に終結して長州へ落ち延びた。世にいう「七卿《しちきょう》の都落ち」である。この政変に浪士隊は御所南門（建礼門《けんれいもん》）に出動、大役を果たし、晴れて「新選組」の隊名を授かった。浪士隊から新選組になった近藤らは「やっと武士になれたぞ」と大はしゃぎだった。「会津　新選組　近藤勇」と書かれた旧前川邸に残る雨戸の力強い墨書に、浪士たちの喜びがあふれている。

隊名を授かり、近藤が大喜びで「新選組 近藤勇」と墨書した旧前川邸の雨戸

HISTORIC SPOT GUIDE

史跡ガイド

史跡名	所在地	備考
①金戒光明寺	左京区黒谷町121	
②会津墓地	左京区黒谷町121	
③西雲院	左京区黒谷町121	
④顕孝院	左京区黒谷町30	
⑤守護職屋敷の門	左京区平安神宮南西角	現「駐車場」北側
⑥京都御苑	上京区	
⑦猿ヶ辻	上京区京都御苑内　京都御所北東角	
⑧京都守護職屋敷跡碑	上京区釜座通下立売北側	現「京都府庁」正門入るすぐ右植え込み内
⑨旧前川邸	中京区綾小路坊城東南角御所町49	現「田野製袋所」　内部非公開
⑩島田魁家跡	下京区花屋町通大宮西入ル一筋目下ル	現「細い路地」付近
⑪鴻池京都店跡	下京区四条烏丸交差点西北角	現「UFJ銀行」付近
⑫大丸呉服店跡	下京区松原通御幸町～寺町にかけての北側一帯	現「矢野広業印房～松原寺町交差点北西角」一帯付近
⑬妙法院	東山区東大路通七条上ル東側	

芹沢鴨を暗殺
近藤勇が主導権を握る
新選組の台頭

◇八木邸〜角屋〜一力亭

一八六三（文久三）年八月十八日の「七卿《しちきょう》落ち」の政変で活躍した壬生《みぶ》浪士隊は、晴れて幕府から「新選組」の隊名を授かった。幕府に提出した建白書には、局長＝芹沢鴨《せりざわかも》、近藤勇《こんどういさみ》、副長＝新見錦《にいみにしき》、山南敬助《やまなみけいすけ》、土方歳三《ひじかたとしぞう》、副長助勤に沖田《おきた》総司《そうじ》、永倉新八《ながくらしんぱち》、原田左之助《はらださのすけ》、藤堂平助《とうどうへいすけ》、井上源《いのうえげん》三郎《さぶろう》、平山五郎《ひらやまごろう》、斎藤一《さいとうはじめ》、松原忠司《まつばらちゅうじ》ら十四人、監察に島田魁《しまださきがけ》ら三人の名前が上がっている。幕府公認の新選組閣僚名簿である。芹沢、新見ら水戸派と近藤、土方らの試衛館《しえいかん》派を均衡させた派閥人事である。二人局長制だが筆頭局長は芹沢だった。局内選挙では、当初局長だった新見が副長に下がり、試衛館派からは、山南、土方の二人が副長となっている。大坂などからも募集をかけて、隊は総勢百人を超える組織に膨れ上がっていた。

「幕府直属の組織になったのだから、今まで以上の規律が求められる。一部の乱暴無頼の者は許さん」と、近藤が「局中法度《きょくちゅうはっと》」の制定を主張した。脱藩浪人の芹沢など一匹狼揃いの中で、近藤は天然理心流「試衛館」を開いた近藤周助門下に入門、養子になって四代目を襲名、多くの門下生や客人剣士を統率してきた指導力があった。法度の制定は組織の維持と、芹沢一派追放の狙いもあったのだ。

この頃、洛中では赤地に白く「誠」を染め抜いた隊旗をかざし、だんだら染めの派手な制服で、市中をわが物顔で肩で風切る新選組が話題になっていた。幕府方の忠臣気取りで尊攘《そんじょう》派志士を殺傷するだけでなく、酔っぱらって南座の舞台に上がり、観客のひんしゅくを買ったり、祇園や島原の花街でドンチャン騒ぎをし、商人には無理やり借金をする

酔って南座の舞台に上がり、観客のひんしゅくを買った隊士も…

肩で風切り、祇園でもドンチャン騒ぎを繰り広げた(祇園・一力亭)

新選組幹部らが宴席をもった角屋内部

など、市民生活を脅かす振る舞いに、京の町衆は「壬生浪《みぶろ》」「壬生の狼」とさげすみ眉をひそめていた。

武士上がりを鼻にかけ、農民の田舎道場を見下していた芹沢らの水戸派に、近藤は不快感を持っていた。武士を夢見て浪士隊に参加した近藤にとって、徳川御三家の水戸藩くずれの傍若無人の振る舞いは許せなかった。

文久三年六月末にも、水口藩の公用方が会津藩邸で隊の悪口を言ったとして芹沢が立腹、隊士を連れて水口藩邸に押し掛けた。近くの剣士が仲に入って事を収め、隊士たちを島原の角屋《すみや》に接待した。その宴席でまたもや酔った芹沢が「もてなしが悪い」と暴れ出し、扇を振り回して座敷の壺や皿、掛け軸など壊し、挙げ句の果てには、角屋に七日間の営業停止を申しつけた。さらに七月には、大坂で相撲の力士に「あいさつがない」と言いがかりをつけ、力士を斬りつけるなど、トラブルメーカーの芹沢に、近藤は業を煮やしていた。
　そんな時「芹沢暗殺」のシナリオが飛び込んできた。八月十三日、芹沢は、借金を断られた腹いせに隊士を連れて葭屋町《よしやまち》一条の生糸問屋・大和屋庄兵衛宅に押しかけ、土蔵を打ち壊し火を放ったのだ。駆けつけた所司代の火消役まで追い払い「愉快、愉快」と豪快に笑い飛ばして引き揚げた。この事件は朝廷と長州びいきの町衆を怒らせた。御所に近い西陣は、その昔から西陣織や京菓子、工芸品に至るまで朝廷御用達《ごようたし》に誇りを持ってきたのだ。度重なる芹沢らの乱行に、世論を気にした会津藩主・松平容保《かたもり》は、近藤らの試衛館派を呼びつけて芹沢の抹殺を命じた。「法度破りも数々。局長といえども隊士たちに示しがつくまい。会津公も困っておられる。切腹を命じても聞く耳など持つまい。やるしかないな」と近藤らは密か

風情のある島原西門跡碑

立ち寄りSPOT

角屋もてなしの文化美術館

島原は置屋から太夫や芸妓を呼んで歌舞曲の遊宴を催す花街。角屋は江戸期の揚屋建築として唯一残る。優雅な饗宴の様子を今に伝える。室内には新選組が付けたとされる刀痕が残る。

DATA

京都市下京区西新屋敷揚屋町32
TEL. 075-351-0024
営業時間／10:00〜16:00（3月15日〜7月18日、9月15日〜12月15日の期間のみ開館）、2階は予約制で別料金が必要
定休日／月曜日
料　金／大人1000円、中・高生800円

輪違屋は幕末期そのままの表構え

に芹沢暗殺計画を練った。放火事件のあった大和屋跡周辺は今、町家ギャラリーになり、細い路地に点在する町家が当時の面影をかすかに残している。

九月十八日、大雨の夜。作戦参謀の土方が「会津公から報奨金が出た。今夜は島原で芸者総揚げだ。局長、行きましょう」と芹沢を誘い出した。土方らに酒を注がれ上機嫌の芹沢、平山、平間ら水戸派幹部は、真夜中に芸妓を連れて八木邸に帰ってきた。眠りについた頃を見計らっ

揚屋建築(重文)・角屋

芹沢鴨が境内の見世物小屋に難癖をつけに立ち寄ったといわれる因幡薬師

て、隣の前川邸で待機していた土方が、忍び足で廊下伝いに芹沢の寝ている部屋を確認して、また前川邸に引き返した。直後に土方、山南、沖田、原田ら試衛館幹部が芹沢らの寝間を襲った。剣豪の芹沢には、試衛館の天才剣士・沖田が斬りかかり、土方も加勢した。寝込みを急襲された芹沢は素っ裸のまま、女ともども滅多斬り。平山も山南と原田に首を斬られ、即死だった。八木邸には今も縁側の鴨居に芹沢殺害時の刀傷が残っている。隊士や維新の志士も通った島原には、大門《おおもん》と置屋《おきや》の輪違屋《わちがいや》、揚《あげ》屋《や》の角屋が残る。輪違屋の屏風には近藤の書が現存、角屋は「角屋もてなしの文化美術館」になっていて、揚屋遺構を残す重文建築。春秋の観光シーズンには一般公開される。玄関口の柱に「新選組の刀痕」とある。

立ち寄りSPOT

誠の湯

島原大門や角屋の徒歩圏内にある温泉。浄化作用と温泉効果のある富士山の熔岩を使用。露天風呂、サウナがあり、味処「花車」では京料理が味わえる。角屋拝観のセットコースもある。

DATA

京都市下京区壬生川通花屋町西入ル
TEL. 075-351-4035
営業時間／8:00～23:00
定 休 日／無休
料　　金／大人900円、こども450円

壬生寺の境内にある壬生塚

翌々日、前川邸で二人の葬儀がしめやかに執り行われた。会津藩からも参列があり「これから局長のお力が必要だったのに、無念です」と近藤が何食わぬ顔で弔辞を読んだ。「犯人は長州の剣客か、あの剣豪がどうして…」「新選組、一生の不覚。みんな酒に酔い大雨で物音にも気付かなかった」「新選組もこの非常時に大将を失い大変だ」と葬儀場でささやかれる会話に「みんな知ってるくせに、お上も近藤さんもみんな役者や」と八木家や近所の人は、事の真相を明治まで決して語らなかった。事件の直前、芹沢の腹心、副長の新見が祇園で遊興中、近藤派に踏み込まれ、法度破りの罪状を並べられて切腹した。同じ副長勤・野口健司も年末に切腹させられた。

旧前川、八木邸南の壬生寺《みぶでら》境内の壬生塚《みぶづか》に、近藤の銅像と共に芹沢鴨、平山五郎の墓がある。芹沢ら水戸派を粛清した近藤は一人局長になり、山南を総長に祭りあげて副長に土方、さらに沖田、永倉らの試衛館グループで主導権を握り、近藤新選組は、束の間の全盛期に向かっていく。

新選組がつけた鴨居の刀傷(八木邸)

HISTORIC SPOT GUIDE

史跡ガイド

史跡名	所在地	備考
①大和屋跡	上京区葭屋町通中立売上ル東側	現「マンション」裏手付近
②八木邸	中京区坊城通綾小路下ル梛ノ宮町24	
③壬生塚	中京区坊城通仏光寺上ル　壬生寺境内	
④島原大門	下京区花屋町通壬生川西入ル	
⑤角屋	下京区西新屋敷揚屋町32	現「角屋もてなしの文化美術館」
⑥輪違屋	下京区坊城通花屋町上ル中之町114	内部非公開
⑦島原西門跡碑	下京区千本通五条三筋下ル東入ル	現「住吉神社鳥居」西わき
⑧因幡薬師	下京区不明門通松原上ル	
⑨南座	東山区四条通大和大路西入ル中之町198	
⑩一力亭	東山区花見小路通四条下ル東側	

勇名とどろく 近藤ら斬り込み 池田屋騒動

◇長州藩邸跡碑〜池田屋跡〜六角獄舎跡

「この一大事に会津公は何をしているのだ」

一八六四（元治元）年六月五日。約束の午後八時になるというのに会津藩はやって来ない。待ち合わせ場所の祇園石段下の祇園会所で、近藤勇《こんどういさみ》はイライラしていた。「よーし。こうなったらわれらだけで決行しよう。皆、覚悟はいいか」

しびれを切らした近藤は作戦通り、近藤、沖田《おきた》総司《そうじ》隊と土方歳三《ひじかたとしぞう》、井上源三郎《いのうえげんざぶろう》隊の二手に分かれて浪士狩りに出発した。鴨川の西側が近藤隊で十人、東を捜索する土方隊は二十四人。本命の東に大部隊を配置して、鴨川を挟んでひしめく御池―四条間の旅館、料亭をしらみつぶしに「御用改め」を開始した。

三条小橋の西に立つ、池田屋跡の石碑

この日の朝。市中見廻りの新選組は、尊攘《そんじょう》派の実力者で肥後藩士・宮部鼎蔵《みやべていぞう》の潜伏先を探すために、四条小橋の薪炭商・桝屋喜右衛門《ますやきえもん》宅を急襲、

会津藩士と新選組の待ち合わせ場所・祇園石段下の祇園会所跡

近藤と土方が直々に喜右衛門を拷問にかけ口を割らした。すると喜右衛門は偽名で、商人の正体は、近江の志士・古高《ふるたか》俊太郎《しゅんたろう》と分かった。さらに古高の口から「近く御所を焼き撃ちして佐幕派公家・中川宮を捕らえ松平容保《かたもり》を惨殺、一年前の八・一八の政変の仇を討つ作戦が進行中で、長州、土佐、肥後の浪士が続々と京に潜伏している」という大謀略を聞き出したのである。

近藤は早速、松平容保に報告。同夜の大捜索となったのである。会津藩は三千人を出動させ、新選組は最前線で活躍する手はずだったのだ。まさか単独で出動するとは思わなかったが「追って会津がはせ参じる。この時を逃してなるものか」と、近藤は自らの手でつかんだせっかくのチャンスに功名をあせっていた。近藤隊は祇園祭の宵山でにぎわう四条大橋を渡り、木屋町を北へ進みながら旅館を一軒一軒捜索するローラー作戦を展開した。土方隊も、川東の路地を捜索しながら北上した。密会場所はなかなか見つからない。近藤は「おかしいな。どこかに浪士が潜んで密会しているはずだ。しかし、もう三条か。長州屋敷の近く

だからまさか…。居るとすれば川東だ。土方らがやってくれているだろう」とも思った。だから土方隊を主力にしたのだ。

午後十時ごろ、三条小橋《さんじょうこばし》の西にある池田屋に踏み込んだ近藤隊は「まさか」の光景に遭遇する。池田屋は長州藩の定宿だ。「一応、確かめるか」と、六人を玄関や裏木戸の見張り役に残し、玄関に入った。「主人はおるか。御用改めでござる」の声に、「た、ただいま」と出てきた主人の池田屋惣兵衛は、あわてふためきながら近藤の顔を横目に浪士たちに危険を知らせるために二階へ駆け上がった。「俺に続け。二階だ」。近藤は沖田と永《なが》倉新八《くらしんぱち》、藤堂平助《とうどうへいすけ》を従え、惣兵衛に続いた。この瞬間、新選組結成以来、真剣を交わした最初で最後の大捕り物が始まった。さながら赤穂《あこう》浪士討ち入りの大立ち回りのようだったと、後年、永倉が書き記している。

午後十時すぎ。二階の座敷では宮部ら肥後藩、

旧前川邸の土蔵の外観(上)と、土蔵の2階から吊るした縄(下)で古高俊太郎を拷問した

播州の大高又次郎、長州の廣岡浪秀など討幕派浪士の精鋭二十余人が、まさに御所襲撃の密談を終え、酒を酌み交わしている最中だった。近藤は驚いたが、ひるむことなく愛刀虎徹《こてつ》で斬りかかった。沖田の剣も冴えた。新選組の中でも剣の立つメンバーばかりだったが、相手は二十人余。数での劣勢は明らかだったが、決死の様相で斬り込む隊士と、酒が入りほろ酔い気分で慌てて刀を手にして応戦する浪士とでは、気迫に格段の差があった。浪士の大半は二階から中庭に飛び降りたり、屋根伝いに逃げまどった。

　斬り合いの舞台は二階から中庭に移動した。沖田が突然血を吐いて倒れ、藤堂も斬られて重傷。永倉も刀を折られ、近藤の虎徹の刃もぼろぼろだった。危機一髪になったころ、ようやく騒ぎを聞

志士・古高俊太郎が隠れていた桝屋跡

立ち寄りSPOT

象

金箔職人が作ったこだわりのあぶらとり紙。種類も豊富で、肌に合わせたものを選べるという。たくさん入ったお得なカットタイプが評判。ケースに取り分け、好きなあぶらとり紙を持ち歩きたい。

DATA

京都市中京区河原町通四条上ル米屋町382
TEL. 075-213-3322
営業時間／11:00～21:00
定 休 日／不定休
料　　金／コラーゲン紙350円、メンズ紙350円

ホテルの前にある桂小五郎像と長州屋敷跡の石碑

きつけた土方隊が、三条大橋を渡って駆けつけてきた。会津藩も彦根、加州藩らと総勢三千余人が出動してきた。後日、近藤が故郷の義父周助や実兄音五郎に宛てた文に「打留七人」とある。ほかに生け捕り二十三人。池田屋の戦闘で失った浪士は宮部、大高ら大量二十人にものぼった。新選組も三人の隊士を失った。宮部は討ち果たしたが、当然密議に加わっていたはずの長州の実力者・桂小五郎はいなかった。後年、木戸孝《たか》允《よし》と改名し、明治の元勲になった桂は後に「午後八時に池田屋に行ったがまだだれも来ておらず一旦引き揚げた」と、その場にいなかったと言っているが「いち早く逃げた」という説もある。会津藩が遅刻したのも作戦通りで、浪士の出身諸藩に気を使い、最初から新選組の仕業にしたかったた

宮部らを葬った三縁寺の墓
（三条から岩倉へ移転）

めらしい。この事件で維新が一年遅れた、と後にいわれるほど討幕派は痛手をこうむった。

　戦闘は翌朝まで続き、宵山見物の町衆ら数千人の野次馬が、三条小橋周辺に群がったという。今、池田屋のあったパチスロ店前に「池田屋騒動之址」の碑が立っている。かつての旅館街も修学旅行生向けの旅館が一軒あるだけで、ファーストフード店や旅行代理店、飲食店などの並ぶ繁華街になっている。当時、伏見から大坂へ向かう運河で、高瀬船が浮かんでいた高瀬川は、薪や米などの物資輸送の役目を終えたが、夜な夜な若者たちの集う歓楽街となっている。ネオンの揺らぐ川面に集う若者たち。かつて日本の夜明けに青春をかけた同世代の若者たちが、川辺で命をかけたことをどれ

土佐藩のリーダー武市瑞山寓居・四国屋跡

立ち寄りSPOT

志る幸

勤王派の古高俊太郎の屋敷跡に立つ料理屋。白味噌の味噌汁で知られる店。何種類かの具を選べる。お茶席の点心をもとに考案した利久弁当も人気だ。店内は舞台と客席のように造られ、趣向が凝らされている。

DATA

京都市下京区西木屋町通四条上ル一筋目西入ル
TEL. 075-221-3250
営業時間／11:30～21:00（20:30オーダーストップ）
定 休 日／水曜日
料　　金／利久弁当2300円、かやく御飯600円

池田屋騒動で捕縛された志士たちも収監された六角獄舎跡

ほど知っているのだろうか。

池田屋跡から北西に少し行った、河原町御池角にあった長州屋敷の跡にはホテルが建ち、通りに面して桂小五郎の銅像が立っている。高瀬川沿いには桂の寓居《ぐうきょ》跡や、維新の参謀で、尊攘派の刺客《しかく》に暗殺された佐久間《さくま》象山《しょうざん》、大村益次郎、島田左近の遭難の地の碑や、池田屋騒動の発端となった古高俊太郎住居跡、土佐藩のリーダー・吉村寅太郎、武市《たけち》瑞山《ずいざん》寓居跡、それに坂本龍馬寓居跡など激動の幕末維新の史跡が点在する。

池田屋騒動で大手柄を立てた新選組は翌朝、隊列を組んで壬生《みぶ》の屯所まで凱旋した。沿道で見守る大勢の町衆の中を引き揚げる近藤らは、大石内蔵助《くらのすけ》と赤穂《あこう》浪士の気分だったに違いない。が、赤穂浪士のように沿道からの拍手は沸かなかったという。

その後、新選組には幕府から報奨金が出た。が、一瞬にして多くの有望な志士を失った長州ら討幕藩は、翌月の七月十九日、禁門の変を起こし、一旦撤退するが、歴史の歯車は明治維新へ急旋回していく。

新選組は宮部の下僕を捕らえて、南禅寺三門の楼上にさらし尋問した

HISTORIC SPOT GUIDE

史跡ガイド

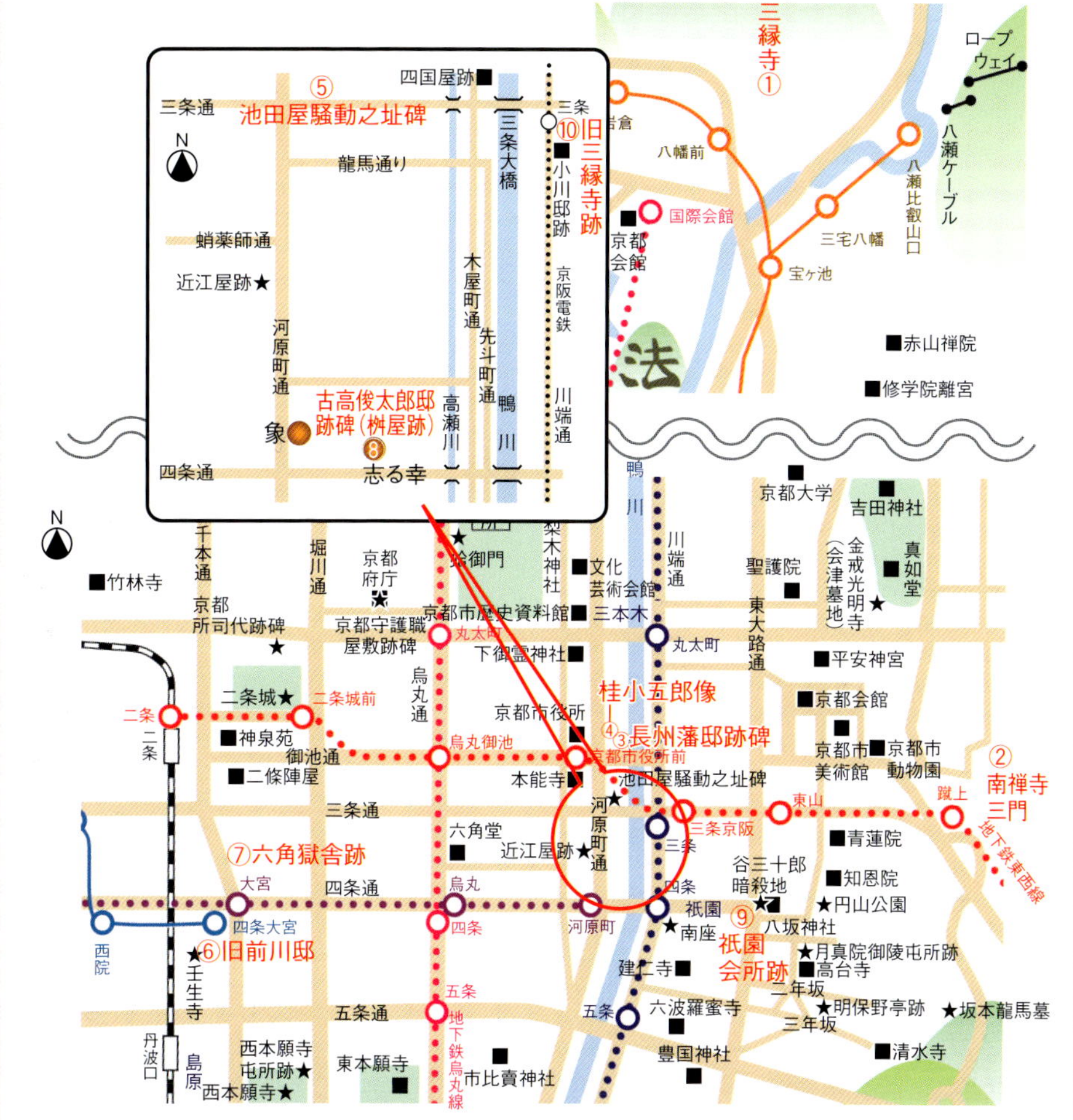

史跡名	所在地	備考
①三縁寺	左京区岩倉花園町606	
②南禅寺三門	左京区南禅寺福地町86　南禅寺境内	
③長州藩邸跡碑	中京区御池通河原町東入ル北側	現「京都ホテルオークラ」南側噴水横の植え込み内
④桂小五郎像	中京区河原町通御池上ル東側	現「京都ホテルオークラ」西北角
⑤池田屋騒動之址碑	中京区三条通河原町東入ル中島町82	現「パチスロ店」入口
⑥旧前川邸	中京区綾小路坊城東南角御所町49	現「田野製袋所」　内部非公開
⑦勤王志士平野國臣外数十名終焉之地碑（六角獄舎跡）	中京区六角通神泉苑西入ル　武信稲荷南東	現「盟親」入口東わき
⑧古高俊太郎邸跡碑（桝屋跡）	下京区西木屋町通四条上ル一筋目西入ル真町100	現「志る幸」入口東わき
⑨祇園会所跡	東山区四条東大路交差点南西角	現「ローソン」付近
⑩旧三縁寺跡	東山区縄手通三条下ル大黒町	現「京阪三条バスターミナル」付近

長州猛攻も惨敗
京は火の海に
禁門の変

◇京都御苑～天龍寺～藤森神社

将軍がこの国の統治者になると、天皇の権力は衰えてしまった。明治維新にいたるまでの約六百年、天皇は一人の兵士も持たず、プリミティブな宗教的存在としてまったく無防備な状態におかれていた—。

一九七〇年代の初め、京都で開かれた日本文化研究国際会議で作家の司馬遼太郎《しばりょうたろう》さんがこんな私見を披歴したことがある。司馬さんが指摘した「無防備な状態」は、徳川幕府の京におけるシンボルだった二条城と御所を比較すれば、一目瞭《りょう》然《ぜん》だろう。

二条城は街中に作られた平城ではあるが、幅約二十メートル、深さ三メートル近い濠と水面までの高さが五メートルを超える石垣に囲まれ、周囲を威圧した。一方の御所はどうか。禁裏《きんり》を取り巻く低い築地《ついじ》塀の周囲は細くて浅い御溝《みかわ》が巡り、清水の流れがあるだけだ。それでいて盗賊も乱暴者も、御所の中に入ろうとはしなかった。司馬さんがいうように、ここは「だれよりも無力である天皇が住まいする神聖な場」であったわけだ。

一八六四（元治元）年七月十九日、なんとその御所に向かって砲弾が撃ち込まれた。発砲は長州

禁門の変

長州の精鋭が猛攻をかけた蛤御門

勢によるものだった。

尊王攘夷《そんのうじょうい》派が大勢を占める長州藩は、前年の会津、薩摩を中心にした公武合体派によるクーデター（八・一八の政変）で京の政界を追われた。この間、徳川家《いえ》茂《もち》の再上洛もあり、将軍後見職の一橋《ひとつばし》慶喜《よしのぶ》（後に十五代将軍）が松平容保《かたもり》、山内容堂《ようどう》、島津久光《ひさみつ》らと「朝議参与《ちょうぎさんよ》」に任命される。慶喜は続いて禁裏《きんり》御守衛総督にも就任するなど、都は一時、幕府側の天下のようであった。

そこへもってきて、池田屋騒動である。多数の仲間が新選組の手で斬殺された知らせは、すぐ長州本国にも伝わる。藩中の過激派たちは怒りで煮えたぎった。藩主の軍令を受けるやいなや、京に向け一気に兵を進めた。

これが池田屋騒動から一カ月後に起き

長州藩が本陣を構えた嵯峨・天龍寺(上)と塔頭・弘源寺本堂に残る長州兵がつけた刀傷(下)

た禁門の変の背景である。藩主父子と公家七人の赦免《しゃめん》嘆願が名目だが、真意は兵力で朝廷と幕府を威嚇《いかく》し、会津、薩摩を排除して、政局の主導権を再び掌握することにあった。

総勢三千人。六月下旬、京に押し寄せた軍勢は伏見長州屋敷、天王山、嵯峨・天龍寺の三方面に分かれて、陣を構えた。幕府側は嘆願など受け入れず、朝議で退去勧告を決めるが、長州側はこれをはねつける。七月十九日未明、しびれを切らした長州勢は、まず伏見方面から攻め込んだ。藤ノ森で幕府の大垣藩兵と衝突するが、新選組や会津藩の加勢もあり、ここはあっさり敗退した。

残る天王山組と天龍寺組が、市中に敷かれた厳しい警戒線をかいくぐって、御所に到達した。外周の九門を閉ざして、臨戦態勢を整えた幕府側は兵力数万。しかし、死にものぐるいで攻め込む長州の精鋭たちに中立売御門《なかだちうりごもん》が破られ、その勢いは禁裏に迫った。すぐ南の蛤御門《はまぐりごもん》では、会津兵が浮き足立った。薩摩兵の援軍が駆けつけ、付近一帯は修羅場のような激戦となる。

御所の中も大混乱と化した。長州の砲撃、迎え

長州勢と大垣藩兵が衝突した藤森神社

立ち寄りSPOT

虎屋一条店

奈良時代には宮中の御食物御人を務めていたといわれる老舗の虎屋。虎屋の羊羹は小豆を煮る作業から完成まで３日間丹念に作られる。練りが硬く、あっさりとした甘さが特徴。

DATA

京都市中京区烏丸通一条角
TEL. 075-441-3111
営業時間／9:00～19:00（日・祝日は18:00まで）
定休日／年中無休
料　金／夜の梅（竹皮包羊羹）2400円

長州勢と幕府側兵が砲火を交え、修羅場となった京都御所一帯

撃つ薩摩の一斉射撃。砲弾が飛び交う中、「神器を入れたる唐櫃《からひつ》も、縁側に並置せられた」（中山忠能《ただやす》日記）ままだったという。そんなはずがないと思いこんでいた、朝廷サイドの慌てふためきようが目に浮かぶ。最後は兵力で十倍以上の差をつけた幕府側が御所を守り抜き、長州勢はリーダー格の来島又兵衛《きじままたべえ》が戦死。総崩れとなった。

伏見からとって返した新選組は、永倉新八《ながくらしんぱち》らが堺町御門《さかいまちごもん》に近い鷹司《たかつかさ》邸などに潜んでいた長州兵を追い散らす。二十一日には、隊長の近藤勇《こんどういさみ》を先頭に敗走する敵兵を天王山に追い詰めた。この戦いの首謀者でもあった真木和泉《まきいずみ》ら十六人を取り囲み、ついに真木らは自害して果てる。

こうして禁門の変は長州の惨敗に終わった。「朝廷をわが方へ」と、力づくで取り合いした尊攘派と佐幕派の攻防であったが、それで最大の被害を被ったのは京の庶民だろう。町は文字通り火の海と化したからだ。

堺町御門でも激戦が繰り広げられた

後に「どんどん焼け」とも「鉄砲焼け」ともいわれるが、火の手は北風にあおられ、南へ拡大。三日間、燃え続け、洛中の三分の二を焼き尽くした。河原や周囲の山中には難民があふれ、戸数二万七千五百、土蔵千三百、寺社塔頭《たっちゅう》二百五十カ所が焼失したという。

司馬遼太郎さんの話には続きがある。

維新の後、天皇の外交文書における称号は日本国皇帝（エンペラー）となった。これを聞いた島津久光《ひさみつ》は日本固有の称号ではないとして「笑うべし、歎《たん》ずべし、憎むべし」と批判した。皇帝といえば、その昔、中国やフランスで自ら実力行使でその地位を獲得した血なまぐさいイメージが強い。天皇はそうではないとの考えを久光はもっていたのでは—。司馬さんはそう推測し「日本は太平洋戦争に敗れた後、新

長州兵が立てこもった鷹司邸跡

九条河原一帯も焼け出された市民であふれた…

憲法によって新しい国家が成立した。天皇は再び権力など持たない、もともとの本質に戻ったような印象である」と語っている。

別に蛤御門の変とも呼ばれる禁門の変。この時、御所はあの大火の被災を免れた。周りの公家屋敷約二百軒の跡地は維新後、京都御苑として整備され、深い緑に包まれる。が、今のように国民公園として公開されるのは太平洋戦争後、新憲法が施行された二年後の一九四九年のことである。

立ち寄りSPOT

京都市歴史資料館

御所の東側に建つ京都の歴史に関する資料を備えた施設。近世以降の古文書が主として揃っている。展示室や閲覧室があり、専門家が歴史に関する相談にも応じる。

DATA

京都市上京区寺町通丸太町上ル
TEL. 075-241-4312
営業時間／9:00〜17:00
（閲覧室9:00〜12:00、13:00〜16:30）
定休日／月曜日、祝日（閲覧室は土曜日も休み）
料金／無料

HISTORIC SPOT GUIDE

史跡ガイド

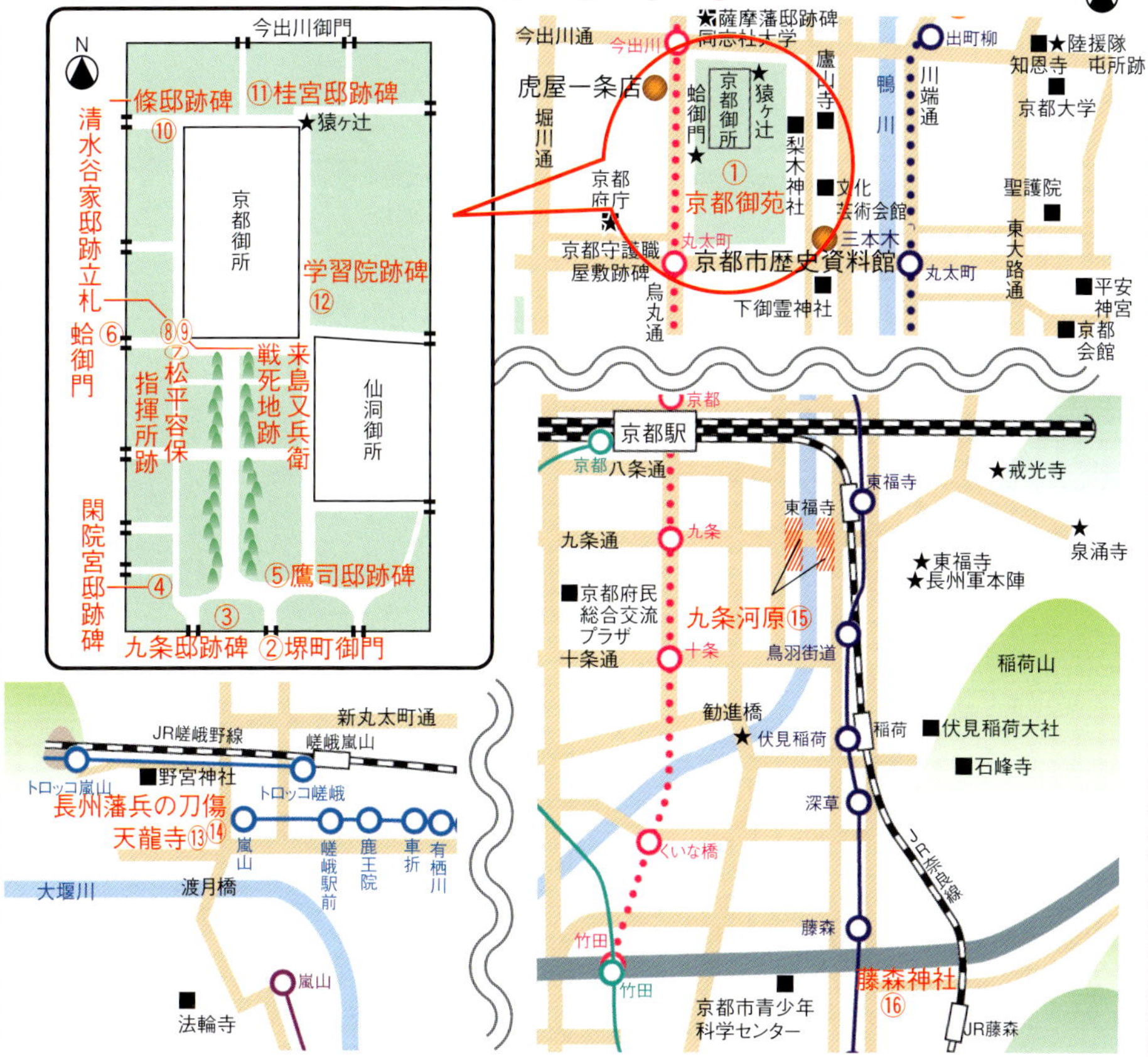

史跡名	所在地	備考
①京都御苑	上京区	
②堺町御門	京都御苑内　南端	
③九条邸跡碑	京都御苑内　堺町御門入るすぐ西側	
④閑院宮邸跡碑	京都御苑内　西南角	現「京都御苑保存会事務所」北側
⑤鷹司邸跡碑	京都御苑内　堺町御門入る正面やや東	
⑥蛤御門	京都御苑内　西端	
⑦松平容保指揮所跡	京都御苑内　京都御所西南角	現「椋の木」付近
⑧清水谷家邸跡立札	京都御苑内　京都御所西南角	現「椋の木」そば
⑨来島又兵衛戦死地跡	京都御苑内　京都御所西南角	現「椋の木」付近
⑩一條邸跡碑	京都御苑内　京都御所北西角やや西	
⑪桂宮邸跡碑	京都御苑内　今出川御門入る東側	現「居住区」の南西角
⑫学習院跡碑	京都御苑内　京都御所南東角やや北の東側 植え込み内	
⑬天龍寺	右京区嵯峨天竜寺芒ノ馬場町68	
⑭長州藩兵の刀傷	右京区嵯峨天竜寺芒ノ馬場町65　弘源寺本堂の柱	
⑮九条河原	南区九条鴨川畔	
⑯藤森神社	伏見区深草鳥居崎町609	

お竜の機転で龍馬〝命拾い〟

伏見・寺田屋騒動

物情騒然の幕末

◇佐久間・大村遭難之地～明保野亭跡～寺田屋

「戻れえっ」「……」

「どげんしてもか」「……」

「聞きもわはんか」「聞きもさん」

双方とも耳になじみのある薩摩なまりだった。口々にののしり合い、高声をあげて怒鳴り合う。押し問答はますますエスカレートするばかりだった。


その途切れた一瞬を突くように一声高く「上意っ」。電光石火の一太刀が、相手側の一人の眉間《みけん》を斬りつけた。たちまち大乱闘となった。宿の階下広間にみるみる血の海が広がっていく。

一八六二（文久二）年四月二十三日夜、場所は伏見・京橋の船宿、寺田屋だった。ちょうどこのころ公武合体推進で、雄藩の政治参与をもくろむ島津久光《ひさみつ》が上京、政局の台風の目となっていた。久光は薩摩から暴挙を起こす

伏見港は京と大坂を結ぶ船便でにぎわったが、現在は整備されて伏見港公園に

幕末の頃の面影をとどめる寺田屋。龍馬ファンや修学旅行生ら見学者で大にぎわい

人間は出せないと考え、藩中にくすぶる過激派グループを説得し、藩邸へ連れ戻すよう寺田屋に剣客八人を送り込んだ。一方は久光上洛の機に兵器火薬を用意して、一気に京で討幕ののろしを上げようと意気込む二十余人。薩摩藩士の同士討ち。

立ち寄りSPOT

清水産寧坂　青龍苑

名門料亭「京都阪口」の敷地内の庭園や蔵を生かして、京都の名店８軒が軒をそろえる。イノダコーヒ、西利、よーじやなど京都観光にははずせない店舗が一カ所に集まる。

DATA

京都市東山区清水三丁目334
TEL. 075-525-2080
営業時間／9:00〜18:00
（季節や各店舗により多少変更あり）
定休日／無休（各店舗により異なる）

寺田屋の座敷は龍馬ゆかりの品がズラリ

物情騒然の幕末の京を象徴する出来事でもあった。

新選組が都に入るおよそ一年前。世にいう寺田屋騒動だ。政局が目まぐるしく変転する中で起きたこの事件で、有馬新七ら急進派九人が命を落としている。説得側もまた、真っ先に抜刀した道島五郎兵衛が斬り倒されるなど、双方に多数の死傷者を出した。

入浴中の仲居・お竜が、寺田屋を役人が取り囲んだのに気付き、龍馬に急を知らせたという風呂場も当時のまま

史跡・寺田屋は京阪電車の特急停車駅・中書島から北へ歩いて五分。目の前の船着き場は、かつて淀川を上り下りして旅客を運んだ三十石船《さんじっこくぶね》や、高瀬川を往来する高瀬舟でひしめき合い、江戸の中ごろから明治初めにかけて、船宿をはじめ、問屋、倉庫が界わいに軒を並べていたという。特に幕末は京と大坂を結ぶ交通の要衝として、諸国の大名や志士たちで昼夜分かたず喧騒《けんそう》をきわめた。往時の面影をとどめるのは今、わずかに寺田屋だけである。

お竜が急を知らせに裸で駆け上がった階段（寺田屋）

柱に残る維新当時の弾痕（寺田屋）

　現在、旅館は休業しているが、内部はすべて公開（有料）され、いつも大勢の観光客や修学旅行生たちでにぎわう。有馬と道島が壮絶に斬り結んだ広間の一角に、たくさんの絵馬が掛かってある。目をやると、「龍馬さん、私もあなたのように逆境にめげず、必ず強い人間になります」「私は坂本龍馬先生に勇気と優しさを教わりました。がんばります」など。内容は龍馬一色だ。

幕府側の相討ち事件の舞台・明保野亭跡

そういえば、母家東側に面した庭に有馬ら九烈士の碑と並んで、坂本龍馬の碑が立てられてあった。あの騒ぎから四年後の一八六六（慶応二）年一月二十四日未明、寺田屋二階でくつろいでいた龍馬は、伏見奉行所の捕吏《ほり》に取り囲まれ、仲居のお竜の機転で九死に一生を得た。入浴中のお竜が急を知らせるため、裸のまま駆け上がったという裏階段が今もそのままあり、柱には当時の弾痕《だんこん》も生々しく残っている。

そんなこともあってか、寺田屋といえば、まず維新の立役者・坂本龍馬であり、お竜とのロマンスもまた現代の若者たちの心を大いに動かすのだろう。寺田屋騒動の方は事件後すぐ「藩の恥」と、薩摩藩が職人をかき集め、騒ぎの跡を残さぬよう、元通りに修復してしまった。ともすると現地を訪れる昨今の観光客から、忘れられかねない状況になりつつあるが、その後の歴史の展開を考えれば、同じく重要な意味をもった事件だ。維新の序章はこうして薩摩の悲惨な同士討ちに始まったのである。

岡田以蔵に斬られた越後浪人・本間精一郎遭難地の碑（右）と近くの路地に残る以蔵の刀傷（左）

味方同士で悲劇をもたらした出来事がもう一つある。前の節で紹介した池田屋騒動から五日後の一八六四（元治一）年六月十日、清水産寧《さんねい》坂（三年坂）を下ったところの料理旅館・明保野《あけぼの》亭が舞台だ。こちらは結果として幕府側の同士討ちとな

立ち寄りSPOT

龍馬館

坂本龍馬が定宿としていた寺田屋の近くに24軒の店舗が並ぶ通りがあり、龍馬にちなんで竜馬通り商店街と呼ばれる。その中に龍馬関連のみやげ物を置く龍馬館がある。

DATA

京都市伏見区竜馬通り
TEL. 075-602-2550
営業時間／10:00〜18:00
定 休 日／無休
料　　金／龍馬せんべい300円（1個）、維新人形2000円

った。

池田屋騒動の残党狩りにやっきとなっていた新選組に「長州の志士たちが潜伏している」との一報が入った。池田屋騒動で天下にその名を轟《とどろ》かせたとはいえ、組からも死傷者を出し、人手が足りなくなっていた時である。会津藩から応援が派遣され、隊士たちは勇み立つ。

刺客に斬殺された西洋学者・佐久間象山と大村益次郎の遭難地の碑

ここまではよかったが、明保野亭に踏み込んで、思いがけぬ手違いが生じた。助っ人で会津藩士の一人、柴司《しばつかさ》が土佐藩士の麻田時太郎を得意の槍で刺してしまった。それほどの深傷ではなかったが、相手は腹の内はともかく、会津と同じ公武合体に与《くみ》する土佐である。新選組局長の近藤勇《こんどういさみ》も、一時は「収拾がつかなくなるのでは」と案じたものだ。が、二人ともに自害して、あっけなく幕を閉じる。動乱の世。一つの誤認が藩と藩の意地の張り合いにまで発展し、その狭間《はざま》であたら若い命を奪うという哀しい結末を迎えたのだった。

　うつ人も　うたるる人も　こころせよ　おなじ
御国の　御民ならずや

幕末から維新の激動期を生き抜いた歌人、大田垣蓮月《れんげつ》の作である。彼女がこれを詠んだのはもう少し後の戊辰《ぼしん》戦争の時だが、寺田屋騒動や明保野亭事件にも相通じるところがある。あらためて心を痛める人も多いことだろう。

HISTORIC SPOT GUIDE

史跡ガイド

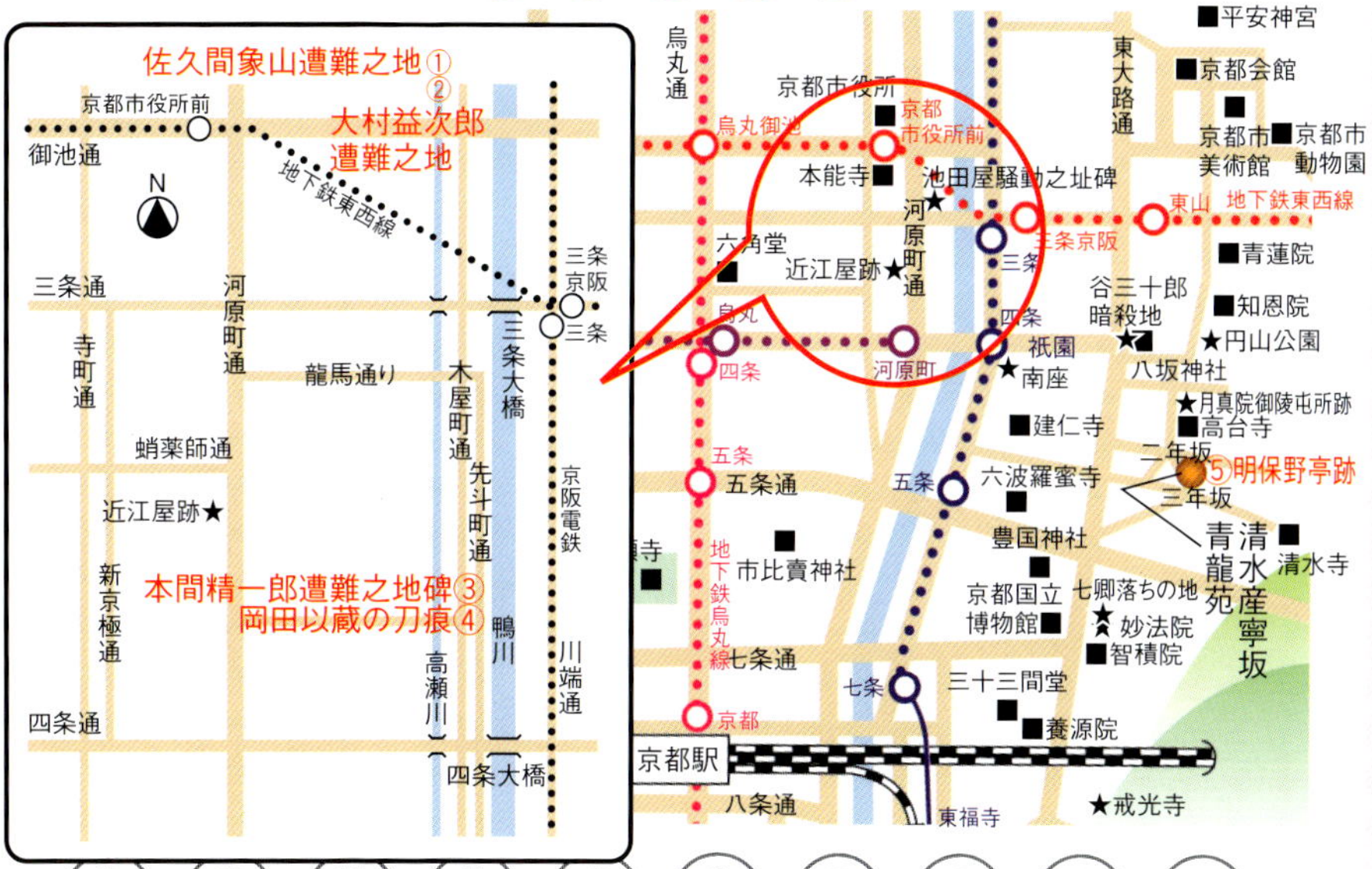

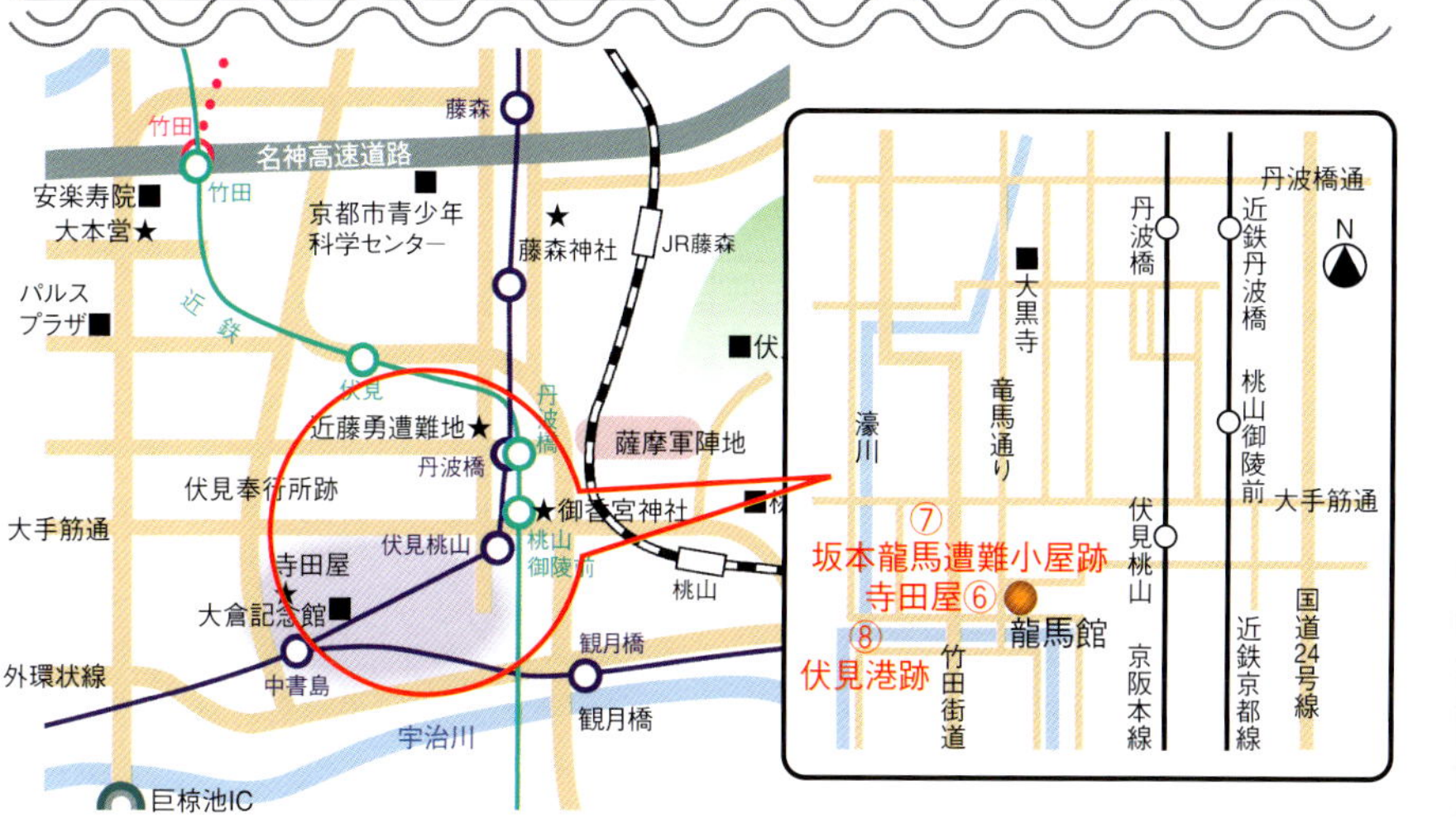

史跡名	所在地	備考
①佐久間象山遭難之地碑	中京区木屋町通御池上ル西側	石碑北側
②大村益次郎遭難之地碑	中京区木屋町通御池上ル西側	石碑南側
③本間精一郎遭難之地碑	中京区木屋町通四条上ル　紙屋橋越えてすぐ東側	
④岡田以蔵の刀痕	中京区木屋町通四条上ル　紙屋橋東正面路地奥北側の柱	
⑤明保野亭跡	東山区清水三丁目334	現「京都阪口」裏手付近
⑥寺田屋	伏見区南浜町263	
⑦坂本龍馬遭難小屋跡	伏見区大手筋通竹田街道西入ル南側	現「富翁・北川本家」付近
⑧伏見港跡	伏見区葭島金井戸町	現「伏見港公園」付近

局中法度

脱退は切腹 非情、厳しい

◇旧前川邸～光縁寺～銭取橋

「山南さん、どうしたんですか。さあ、一緒に帰りましょう」と沖田が声をかけた。突然失踪《しっそう》した総長の山南敬助《やまなみけいすけ》を追跡捜索、大津の宿に潜んでいたところをやっと見つけ出した沖田だったが、そこは兄貴分と慕ってきた相手。いきなり自慢の剣を振りかざすことはなかった。

「局長も、みんなも心配しています」

「そうか、よく拙者の居場所が分かったな」と山南も観念したかのように、静かに沖田の顔を見た。

一八六五（慶応元）年二月。組を脱走した山南敬助が沖田に捕らえられ、脱走の罪で切腹した。一年半前に、局長だった芹沢鴨《せりざわかも》ら水戸派が粛清《しゅくせい》されて以来の大物の抹殺だった。

芹沢暗殺後、近藤勇《こんどういさみ》ら試衛館《しえいかん》派が実権を握り、一八六四（元治元）年六月の池田屋騒動で、密会中の尊攘《そんじょう》派志士を急襲して大手柄を立てた。一方、有力志士を失い焦った長州藩が同事件の翌月の七月、京都御所を襲った禁門の変でも、会津兵とともに幕府方の主力部隊として活躍するなど、新選組が絶頂期を迎えていた最中に「山南切腹」事件は起こった。

▽士道に背くな▽局を脱退することを許さず▽勝手に金策するな▽勝手に訴訟を取り扱うな▽私闘を許さず—の鉄の掟《おきて》「局中法度《きょくちゅうはっと》」は、違反者は即切腹という非情な掟だった。新選組発足当初から急増する隊士の規律を保持するために、近藤が土方ら幹部と決めた厳しい新選組憲法である。比較的まじめな試衛館組に対し、狼藉《ろうぜき》が目立った芹沢派一掃の企みもあった。近藤独裁政権になって、近藤も一目置いていた山南は、内務の総責任者役の総長に祭りあげられていた。表向きはナンバー2だが、裏方を仕切るマネージャー役、実際の現場責任者は副長の土方だった。

厳しい局中法度をつくり、芹沢らライバルを倒して独裁体制を築いた近藤勇

　それでも肩書にこだわる、誇り高き仙台藩士の山南は、現場で華やかな立ち回りができない不満はあったが、近藤の信頼も厚く、まずまずだと思っていた。学もある温厚な武士風情だったが、筋が通らぬと一転、我を通す頑固一徹なところがあった。有頂天になって、なりふり構わぬワンマンぶりを発揮し出した近藤ら幹部に、お灸を据えるためにあえ

脱退した副長助勤の武田観柳斎が斬殺された勧進橋

て脱走した節がある。本気なら近場の大津などに逃げはしない。

事は、人気絶頂で隊士志願者が増え続け、近藤らは手狭になった屯所を南の西本願寺境内に移転しようと無理難題をふっかけて、恐喝《きょうかつ》まがいで進出を試みたのがきっかけだ。「ただでさえ巷《ちまた》の評判が良くないのに、お西さんを困らせたら益々京の人々の心象が悪くなる。それにお西の門徒は長州にも多いので危ない」と忠告した。が、近藤らは耳をかさず、「こうなれば身を隠して反省を求めるしかない。それが総長のおれの役目。まさか法度破りは総長にまで及ぶまい」との山南の思惑は甘かった。

芹沢派の新見錦が切腹させられた祇園・山緒跡付近

試衛館の食客とはいえ近藤の人望も厚く、沖田とは出稽古などで寝食を共にし、漢学も教えてきた間柄。模範試合ではいつも弟のような沖田が相手だった。が、土方は少し違っていた。日ごろから学問をひけらかし、農民をバカにしたような態度が気に食わなかった。総長の地位は、副長の土方にとって面白くなかったはずだ。

その頃、水戸学の論客で北辰一刀流《ほくしんいっとうりゅう》剣士の伊《い》東甲子太郎《とうかしたろう》一派が、新選組に加入してきた。山南と伊東が意気投合して尊攘論を闘わせているのを横目にし、土方は面白くなかった。そこへ山南が近藤に反対を唱え、伊東も長州藩士との関係を取りざたされていた。土方はチャンスを逃さなかった。「捕らえてきて潔く切腹させよう」と近藤は

若きヒーロー・沖田へ献花や恋文が絶えない壬生塚

立ち寄り SPOT

古代友禅苑

江戸時代後期の小袖や古扇など、京友禅に関する資料や着物を展示する美術館。京の風景や花など型を選び、ハンカチや扇子を染める型友禅に挑戦できる。工房での作業風景も見学できる。

DATA

京都市下京区高辻通猪熊西入ル
TEL. 075-823-0500
営業時間／9:00〜17:00
定 休 日／無休（原則として12／27〜31は休館）
料　　金／入苑料500円、体験染め500円〜、
四季遊膳（弁当）2500円

七番隊長の谷三十郎が暗殺された八坂神社石段下

言った。「芹沢の時のように刺客を差し向けるのではなく、沖田をやりましょう。いざ刃向かってきても沖田なら斬れる。だが、兄のような山南を沖田は斬れないし、山南もきっと沖田には剣を抜かない」と、近藤に入れ知恵した土方の作戦は当たった。

　山南は沖田に連れられて、すごすごと屯所に帰ってきた。そして隊士の目前で見せしめの切腹をさせられたのである。介錯《かいしゃく》は沖田だった。脱藩武士の山南は最後まで近藤ら試衛館グループを信じたが、村の支援を受け、義兄弟の契りまで結んだ農民層の固い結束が読めなかった。幼なくして親を失い、試衛館道場で育った沖田は、剣だけが自分の信じられる唯一のものだったに違いない。

河合耆三郎を埋葬した壬生塚

粛清された隊士の墓がある光縁寺

が、子供には心を許し、屯所周辺の子から「やさしいお兄ちゃん」と慕われたという。実家の縁談付きの武家の跡目を断り、恋よりも剣に生きた沖田の青春。非情とも言われる沖田の剣だが、兄のように慕った山南を介錯した時、何が脳裏をかすめたのか。直後に故郷に宛てた文の中で「山南兄去月二十六日死去つかまつり候、ついでをもって一寸申し上げ候」と書きつづっている。感情を一切挟まない短い文面の行間に「追伸」にした沖田の心の葛藤《かっとう》が垣間見え、胸を打つ。孤高の天才剣士。若くして薄幸の人生を閉じた沖田は今、新選組のヒーローとして壬生塚《みぶづか》に若い女性の献花と恋文が

立ち寄りSPOT

東坂米菓有限会社

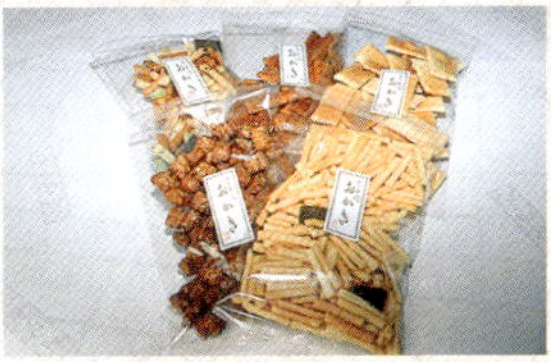

創業85年、手作り一筋のあられ屋さん。神泉苑の名水と純内地もち米で作られたあられは地元でも人気。おすすめは手焼きあられ。白醤油と溜まり醤油で異なった風味となり、どちらも味わい深い。

DATA

京都市中京区大宮通御池下ル
TEL. 075-841-2160
営業時間／8:00〜19:00
定 休 日／日曜日
料　　金／手焼き210円、マヨネーズ味210円

絶えない。また、山南の切腹には、山南が捕らえられた屯所の牢の格子越しの、島原芸妓・明里《あけさと》との涙の別れの哀話が残されている。

一八六三（文久三）年、浪士隊初期編成時の殿内派惨殺から芹沢派暗殺、そして慶応元年の山南の切腹後、粛清の嵐が吹き荒れ、慶応三年にかけて、勘定方の河合耆三郎《かわいきさぶろう》が不正経理の罪を着せられ処刑。七番隊長の谷三十郎《たにさんじゅうろう》が祇園石段下で、脱退して高台寺党を結成した参謀の伊東甲子太郎を七条油小路で惨殺、遺体を引き取りにきた藤堂平助《とうどうへいすけ》ら四人も殺害された。いずれも新選組による内部抗争である。わずか五年でその数四十人にも及ぶ。厳しすぎる鉄の結束は逆に仲間の疑心暗鬼を生み、新選組はやがて分裂し、敗走しながら消滅していく。

山南の墓は屯所近くの光縁寺《こうえんじ》にある。側面には河合耆三郎の名も刻まれ、誤って切った武士の妻と深い仲になり、壬生心中と騒がれた四番隊長の松原忠司《まつばらちゅうじ》の墓もある。そしてなぜか墓地の片隅に「沖田縁者」の墓石があり「沖田の恋人ではないか」と、若い女性をやきもきさせている。また、泉涌寺《せんにゅうじ》の塔頭《たっちゅう》・戒光寺《かいこうじ》には伊東甲子太郎と藤堂平助ら仲間の隊士も当初の光縁寺から移され、手厚く葬られている。

山南敬助の墓（光縁寺）

HISTORIC SPOT GUIDE

史跡ガイド

史跡名	所在地	備考
①旧前川邸	中京区綾小路坊城東南角御所町49	現「田野製袋所」 内部非公開
②壬生塚	中京区坊城通仏光寺上ル 壬生寺境内	
③壬生墓地	中京区仏光寺通坊城西入ル南側	
④光縁寺	下京区綾小路通大宮西入ル四条大宮37	
⑤祇園・山緒跡	東山区祇園町付近	詳細跡地不明
⑥谷三十郎暗殺地	東山区四条東大路東側	現「八坂神社」石段下
⑦銭取橋	南区東九条南石田町	現「勧進橋」

屯所の変遷

境内で大砲発砲 斬首など乱暴も

◇壬生〜西本願寺〜不動堂村

壬生《みぶ》の八木源之丞《やぎげんのじょう》邸、前川荘司《まえがわそうじ》邸などを屯所としていた新選組は、百三十人を超える大所帯となった。もはや手狭で雑魚寝《ざこね》する平隊士も出た。近《こん》藤勇《どういさみ》隊長らは、次の屯所として西本願寺に目をつけた。同寺は、末寺一万カ寺の浄土真宗の大本山。討幕の長州脱走藩士らが出入りしているとのうわさがあった。

新選組は池田屋騒動で名を上げ、幕府から褒《ほう》賞《しょう》を受けるなど絶頂期にあった。近藤勇派は芹沢《せりざわ》鴨《かも》一派を惨殺、切腹などで粛清《しゅくせい》し、体制を固めた。西本願寺境内に屯所を借り受ける話には土方《ひじかた》歳三《としぞう》、井上源三郎《いのうえげんざぶろう》、斎藤一《さいとうはじめ》、山崎蒸《やまざきすすむ》らが交渉にあたった。「殺し屋集団を念仏道場に入れてはならぬ」と、西本願寺はあの手この手を尽くした。

この時の状況は西本願寺の高官・西村兼文の『新撰組始末

西本願寺の唐門

近藤も眺めた西本願寺「虎渓の庭」

記』に詳しい。土方歳三は「われわれは勤王攘《きんのうじょう》夷《い》の先鋒《せんぽう》隊。国家のためには命は塵芥《ちりあくた》とみなし、京の取り締まりにあたっている。しかし壬生の陣営は狭く、市外にあって不便極まりない。よって朝廷、幕府のため、いずれの講堂でもよいからしばらく貸してほしい」と談判した。暴言《ぼうげん》をはき、威力を示し…とあるから談判というより脅迫だ。

西本願寺はほとほと困り果てた。現金や贈り物、果ては祇園、島原の大料亭での色仕掛けの接待で翻意《ほんい》を促した。しかし近藤勇は頑として言うことを聞かない。新選組の「ほとけ」と言われた山南《やまなみ》敬助《けいすけ》は「近藤さん、屯所移転を名として僧侶を脅し、陰に西本願寺の動静を探るのは卑劣だ。屯所は西本願寺以外にいくらでもある」と諫《いさ》めたが聞き入れられず、路線対立から脱走を図り、切腹させられた。

西本願寺はついに屈服して、本堂北の集会所《しゅうえしょ》を新屯所に提供せざるを得なかった。近藤勇は喜び

「新選組本陣」と看板を上げた。この集会所は普段は閉め切られ、全国の門徒が本山参りの時に使われる六百畳敷きのもの。現在の堀川花屋町西側の本願寺境内北一帯で、今は宗務所、太鼓楼《たいころう》のある辺り。永倉新八《ながくらしんぱち》の手記によれば、本堂の隣に竹や丸太組の小屋まで造った。四月には移転し、早速に大砲の空砲を轟《とどろ》かせたり、小銃の実弾射撃を繰り返したので、参詣の老幼、婦女子は肝を冷やした。神聖な境内で斬首、切腹はもとより、町の人たちを縛り上げての拷問など、乱暴を繰り返した。「断獄刑場にことならず実に極楽に地獄」(西本願寺門主・広如《こうにょ》)という情況だった。法要に合わせるように大砲を轟かせたので、門徒は怖がって本山参りをやめたほどだ。

新選組隊士が闊歩した太鼓楼(上)と参拝会館付近(下)

新選組隊士は「これみな国家のため」と取り合わず、他人の難渋をわが喜びとする——西村兼文は口を極めて新選組を非難している。集会所は部屋を小割りして隊士の住居にしたが、血だらけでうなるケガ人らがおり、まるで野戦病院のごとき状態だったらしい。「始末記」によると、新選組は会津藩の保護下にあるため京都所司代、東西町奉行の与力、同心も萎縮《いしゅく》して手出しできなかったという。

西村兼文はついに京都守護職会津藩公用人・小森久太郎らを訪ね、西本願寺の非常事態を告げて、対策を要望した。会津藩は近藤勇に対して「市中で発砲するのは京都御所に対して憚《はばか》りがある。屯所を他に移せ」と指示、「さすがの近藤勇もついに発砲を止めた」と記している。

新選組は壬生の屯所から完全に撤退したわけではなく、八木源之丞邸、前川荘司邸、新徳禅寺《しんとくぜんじ》には、いつもだれかがたむろしていた。壬生寺《みぶでら》境内は、大砲の訓練所に使っていた。壬生の屯所から

隊士が剣術の訓練をするなど迷惑をかけた壬生寺

立ち寄りSPOT　薫玉堂

約400年前から西本願寺前に店を構え、香を納める老舗。仏事用の線香をはじめ、日常用のお香も置く。香の歴史や香の聞き方を知る、香道の体験ができる（予約制、日時は問い合わせが必要）。

DATA

京都市下京区堀川通西本願寺前
TEL. 075-371-0162
営業時間／9:00～17:30
定 休 日／第1・3日曜
料　　金／イマージュライト1500～3000円

新選組が屯所にした北集会所は解体移転して姫路市・本徳寺本堂になっている（写真協力：本徳寺）

西本願寺まで南東にわずか一・五キロ、御影《ごえい》堂《どう》、阿弥陀堂の巨大な屋根は、壬生の畑地からよく見えた。

「本願寺という手がある。京では祇園、島原でも西六様と言えば西本願寺、東六様は東本願寺。豪勢なもんじゃ」

土方歳三は、田舎っぽい壬生から西本願寺に目をつけた最初の男だった。

幕末の混乱時とはいえ西本願寺の財力は巨大なもので、借金づくめの徳川の雄藩では、足元にもおよばないほどの実力があった。「せめてなりたや本願寺様よ」と、京の人はことわざのようにはやしたてていた。近藤勇、土方歳三らの西本願寺占拠は、この財力に目を付けたものとさえいわれる。西村の『新撰組始末記』には隊士に音物《いんもつ》（賄《わい》賂《ろ》や金品）をたびたび手渡した、と記されており、その困惑ぶりが手に取るように分かる。

一八六五（慶応元）年、西本願寺屯所を訪れた医師・松本良順は屯所の不衛生、病人の多さに驚嘆している。病人の多くは感冒、骨折、食あたり、梅毒がこれに次ぎ、心臓と肺結核二人、計七十余人の病人があった。台所は腐った残飯が山をなし、松本良順はこれをブタ、ニワトリに食わせることを提案、早速、屯所でブタの飼育が始まった。西本願寺の迷惑はどれほどだったか、想像にあまりある。

「始末記」はかなり長文なものだが、新選組の第三の屯所・不動堂村《ふどうどうむら》屯所に貴重な資料を残している。西本願寺は近藤勇、土方歳三らの圧迫に耐え兼ねて、不動堂村に一町四方の土地を買収し、そっくり移転してもらうことになった。事前に新選組の要望を聞いて大邸宅をプレゼントした。表門、高塀、玄関、長屋、使者の間、長廊下、諸士の部屋、近藤、土方の居間、客舎、馬屋、物見櫓《やぐら》、仲間《ちゅうげん》・小者部屋に至るまで「美麗を尽くし落成した。ことごとく西本願寺の負担。新選組が移転したのは疫病神を送り出した心地で、門主および一家の喜びかぎりなし」であった。

北集会所は解体されて明治六年、姫路市の浄土真宗本願寺派の本徳寺本堂となった。この寺は亀山御坊といわれ、門前町を形成するほど勢力のあった西本願寺の別格寺院で蓮如の開基。本堂は解体移転の痕跡がはっきりしており、柱に刀傷が残っている。

「不動堂村」は不動堂明王院にちなむ地名

不動堂村の屯所は「堀川の東、木津屋橋の南」とあるだけで正確な場所は不明だ。不動堂村は「京都坊目誌《ぼうもくし》」によると、不動堂明王院にちなむ地名。昭和四十一年、塩小路通を挟んで南北の不動堂町に再編された。元安寧小学校、リーガロイヤルホテル京都あたり一帯と見られている。

不動堂村屯所は真ん中に広大な間があり、左右に廊下、

リーガロイヤルホテル京都前には、平成15年6月、不動堂村屯所跡記念碑が建てられた

新選組が強引に2百両を借り上げた興正寺

大小の部屋が両側に続き一般隊士、助勤らの部屋の大奥に近藤勇ら大幹部の座敷。浴場、獄舎まであった。西本願寺屯所に比べれば「まるで御殿のよう」な壮麗なものだった。

「何日ぶりの風呂じゃ」

「オレはひと月ぶりかな。町中の風呂屋に二本差して入るわけにもゆくめえからな」

不動堂村へ屯所を移したのは慶応三年六月だがその年の暮れ、近藤勇が高台寺党の残党に右肩を撃たれ、翌年正月早々、鳥羽・伏見の戦いで幕府軍が大敗したため「御殿のような屯所」は半年あまりの輝きであった。

新選組は西本願寺から引き上げる時に、隣の興《こう》正寺《しょうじ》に三百五十両を無心し二百両を借りている。言わば手切れ金で、興正寺も「やれやれ」と思ったに違いない。

立ち寄りSPOT

亀屋陸奥

1421（応永28）年創業の京菓子店。小麦粉を練り、麦芽飴と白味噌を混ぜて焼き上げた名物松風は、もっちりとした食感の定番商品。西本願寺へのお供物調達を家業とし、法要菓子も販売している。

DATA

京都市下京区堀川通七条東側西本願寺前
TEL. 075-371-1447
営業時間／8:30〜17:00
定 休 日／水曜日
料　　金／松風950円〜

HISTORIC SPOT GUIDE

史跡ガイド

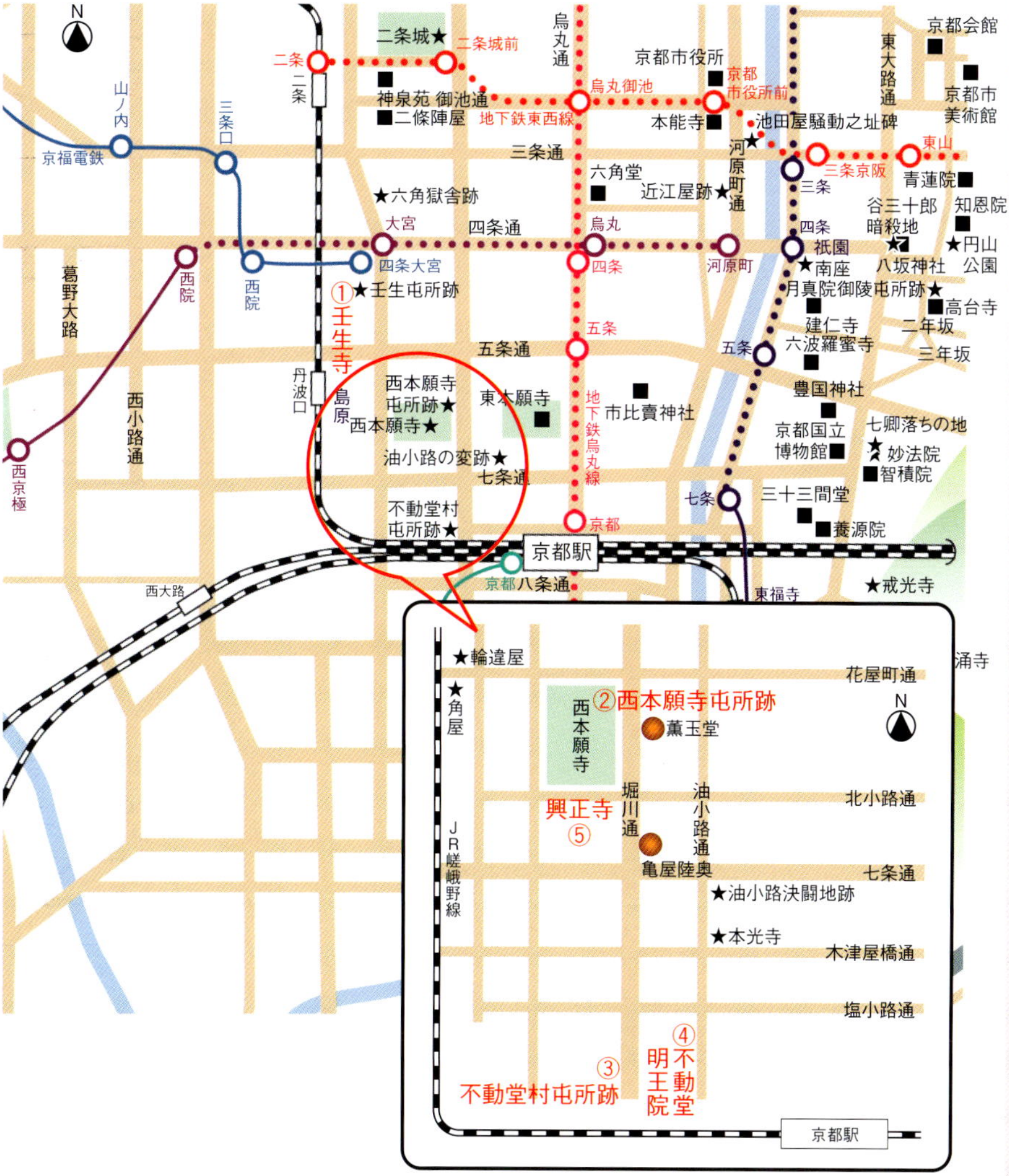

史跡名	所在地	備考
①壬生寺	中京区坊城通仏光寺上ル梛ノ宮町31	
②西本願寺屯所跡	下京区堀川通花屋町下ル　西本願寺内東北角	現「太鼓楼」「総合庁舎」「参拝会館」付近
③不動堂村屯所跡	下京区東堀川通塩小路下ル松明町1	現「リーガロイヤルホテル京都」付近
④不動堂明王院	下京区油小路通三哲下ル不動堂町52	
⑤興正寺	下京区堀川通七条上ル花園町70	

油小路の変

脱退の伊東一派
近藤が謀略で惨殺

◇月真院～戒光寺～油小路決闘地跡

一八六四（元治元）年秋、近藤勇《こんどういさみ》は隊士募集のため東国にいた。目的は江戸深川佐賀町で北辰《ほくしん》一刀流《いっとうりゅう》の道場を開いていた、伊東甲子太郎《いとうかしたろう》の入隊勧誘だった。伊東と旧知の藤堂平助《とうどうへいすけ》が事前に根回しをしていた。

伊東甲子太郎は熱心な勤王《きんのう》家で、近藤の幕府寄りの武断路線とは微妙な違いがあったが、とにかく入隊を受け入れ、新選組の参謀に迎えられた。近藤は軟弱な幕府軍の腰抜けぶりに失望、「兵は東国に限り候」と堅く信じていた。

「顛末《てんまつ》記」によれば近藤勇の増長、蛮骨、専制に対して内部から批判が起こり永倉新八《ながくらしんぱち》、原田左《はらださ》之助《のすけ》、斎藤一《さいとうはじめ》、島田魁《しまださきがけ》ら隊士六人が会津公・松平容保《かたもり》に建白書を出して、新選組瓦解寸前まで行ったことがある。しかしなんとか和解し、危機を乗り切った。隊士は東国、京坂から集められ、五十人を超える大所帯になった。

一八六六（慶応二）年十二月、孝明《こうめい》天皇が三十六歳の若さで病死、毒殺説も出た。七月には将軍家茂《いえもち》が大坂城中で病死、天下は大動乱。幕府軍は第二次長州征伐に大敗を喫している。こんな折、伊東甲子太郎が意外なことを言い出した。

伊東が御陵衛士屯所を設けた高台寺塔頭の月真院（上）と衛士の見張りの部屋（下）

「新選組を脱退するわけではないが、孝明天皇の御陵《ごりょう》をお守りしたい。このまま新選組にいても情報収集がやりにくい。敵の内情を探るための御陵衛士《えじ》になりたい」

「新選組別動隊として活動したらどうか」

土方歳三《ひじかたとしぞう》らの説得に対して伊東甲子太郎は「一応、新選組を脱退したい。裏でやれることはいくらでもある」と隊規違反覚悟だ。慶応三年、朝廷から「孝明天皇御陵衛士を命じる」との勅《ちょく》許《きょ》が下りた。孝明天皇の御陵は東山区の泉涌《せんにゅう》

伊東が衛士として守った孝明天皇陵

重傷の伊東が運び込まれた本光寺

寺《じ》東の月輪山の中腹にあり、そばまで入ることはできない。この御陵衛士には伊東甲子太郎の実弟・鈴木三樹三郎《みきさぶろう》のほか、八番隊長・藤堂平助、三番隊長・斎藤一ら十二人が参集し、新選組を脱退した。当時の隊士数の一割以上の脱退者だ。

伊東甲子太郎らは東山区の高台寺塔頭《たっちゅう》の月真《げっしん》院《いん》に禁裏《きんり》御陵衛士屯所を設けた。月真院は圓徳院《えんとくいん》の東向かいにあり観光道路「ねねの道」に面している。今も御陵衛士屯所跡の大きな石碑が立って

新選組が御陵衛士を待ち伏せした七条油小路の四つ辻

いる。彼らは「高台寺党」と呼ばれ討幕、勤王の武闘集団となった。

慶応三年十一月十八日、伊東甲子太郎は下京区の醒《さめ》ケ《が》井《い》木津屋橋上るの近藤勇妾宅に招かれた。ここには近藤が島原の深雪《みゆき》太夫《だゆう》を落籍させて囲っ

立ち寄りSPOT 西川油店

1835（天保5）年創業の油屋。明治期から現在に至るまで西本願寺に御灯明油を納めている。純製の香り高い胡麻油なども販売し、店では菜種の絞油に使用された古い道具類も見学できる。

DATA

京都市下京区油小路通七条下ル油小路286
TEL. 075-343-0733
営業時間／9:00～17:00
定 休 日／日曜日
料　　金／御灯明油（小）350円、胡麻油（小）750円

伊東甲子太郎が刺客に襲われた油小路木津屋橋付近

ていた。路線の違いでたもとを分かったとはいえ、「国事の談合」とあれば警戒しなかったのか。美酒に酔わされた伊東甲子太郎はその夜、油小路木津屋橋あたりで新選組の刺客四、五人に襲われて、めった斬りされた。この背景には御陵衛士側についていた斎藤一が、新選組襲撃情報を伝えたとのスパイ説などいろいろある。

　重傷の伊東は油小路の法華宗本光寺に運び込まれて絶命した。昭和四十六年、京都市が「伊

御陵衛士の仮宿舎になった城安寺

東甲子太郎外数名殉難の地」の石碑を建てた。同寺は白寿会木津屋橋武田病院の北で、間口四間ほど。思わず通り過ぎてしまうほどだが、門内に「新選組関係の資料一部五十円。御用のかたはどうぞ」と張り紙がしてある。

田中寅蔵が御陵衛士に加わろうと脱走し、潜伏した本満寺

七条油小路の死闘は翌日。新選組は伊東甲子太郎の遺骸をよく目立つ七条油小路の四つ辻に放置、町役人に偽装して月真院の御陵衛士屯所に急報、遺骸の引き取りを促した。新選組は御陵衛士が必ずやって来るとみて、要所要所に隊士を潜伏させて待った。記録や証言によれば四、五十人が待ち伏せたようだ。高台寺党は伊東暗殺を新選組の犯行とは十分気付いておらず不意を突かれた。

立ち寄りSPOT

京つけもの西利本店

京漬物の名店。厳選した聖護院かぶらを昆布で漬け込んだ千枚漬けは、味わいまろやかな代表商品。すぐきなど常時100種以上の漬物が揃う。店内では技の上映コーナーなど、くつろいだ空間が演出されている。

DATA

京都市下京区堀川通七条上ル西本願寺前
TEL. 075-361-8181
営業時間／8:30～19:00
定 休 日／年中無休
料　　金／千枚漬600円～、京のあっさり漬け350円～

伊東甲子太郎、藤堂平助らが眠る戒光寺(上)と同寺の墓地(下)

この事件で御陵衛士の藤堂平助、毛内有之助《もうないありのすけ》、服《はっ》部《とり》三郎《さぶろう》兵衛《べえ》が惨殺された。高台寺党の応戦は見事なもので、服部は全身に二十余の深手を負い、大刀を握ったまま絶命、現場は血の海で肉片が散乱していたという。

皮肉なことに伊東らの遺骸は、新選組によって壬生《みぶ》の光縁寺《こうえんじ》に葬られたが、後に泉涌寺塔頭・即成院《そくじょういん》手前の戒光寺墓地に改葬されている。

御陵衛士残党の新選組への憎悪、復讐は近藤勇襲撃へと繋がる。伊東甲子太郎惨殺の実行犯とされた大石鍬次《おおいしくわじ》郎《ろう》は明治三年、江戸に偽名で潜伏中に捕まり、首を刎《は》ねられている。

HISTORIC SPOT GUIDE

史跡ガイド

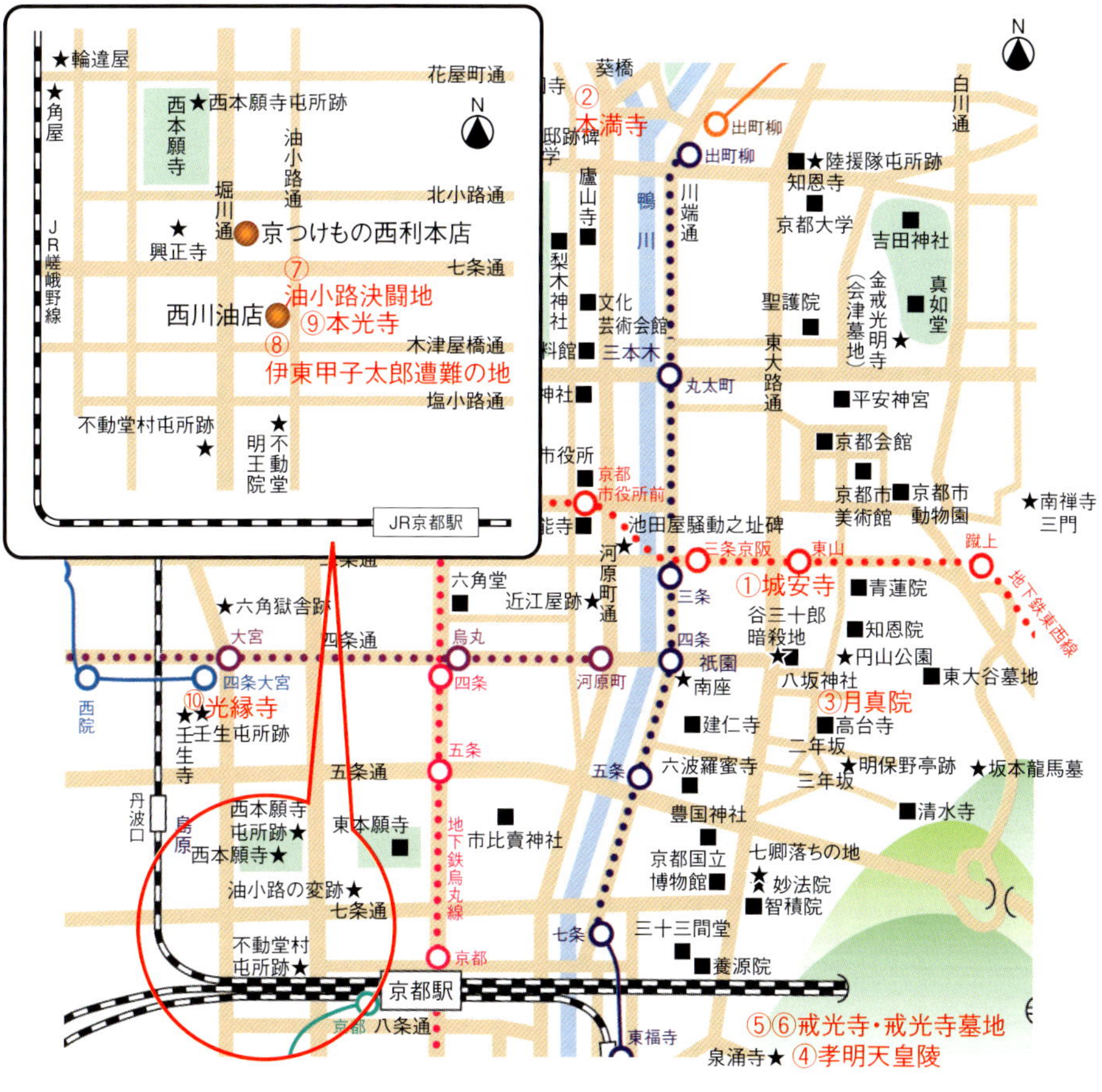

史跡名	所在地	備考
①城安寺	左京区東大路通三条下ル南西海子町424	
②本満寺	上京区寺町通今出川上ル2丁目鶴山町16	
③月真院	東山区下河原通八坂鳥居前下ル下河原町463	
④孝明天皇陵	東山区泉涌寺山内町27　泉涌寺境内	現「月輪御陵遥拝所」
⑤戒光寺	東山区泉涌寺山内町29	
⑥戒光寺墓地	東山区泉涌寺山内町28	
⑦油小路決闘地	下京区油小路七条交差点付近	
⑧伊東甲子太郎遭難の地	下京区木津屋橋通油小路西入ル	現「理髪店」「民家」付近
⑨本光寺（伊東甲子太郎外数名殉難之地碑）	下京区油小路橋通木津屋橋上ル	
⑩光縁寺	下京区綾小路通大宮西入ル四条大宮37	

薩長が握手 一気に徳川自壊

大政奉還

◇京都御所～薩摩藩邸跡碑～二条城

「従来の旧習を改め、政権を朝廷に帰し、広く天下の公議を尽くし…」。一八六七（慶応三）年十月十四日、徳川十五代将軍慶喜《よしのぶ》は朝廷に「大政《たいせい》奉還《ほうかん》」の上表文《じょうひょうぶん》を奏上した。

その前日、二条城二の丸御殿には在京四十藩の重役たちが呼び集められていた。あらかじめ政権返上についての諮問《しもん》書が配られており、会議は老中・板倉勝静《かつきよ》が上表文を読みあげて終わる。この後、薩摩藩家老の小松帯刀《たてわき》や、土佐藩参政の後藤象二郎《しょうじろう》ら五藩の重臣が将軍慶喜に謁見《えっけん》を許され、小松が代表して「最上のご英断であり、一刻も速やかに実施されるように」と述べたという。

あっけない幕切れだった。考えてみれば、二百六十余年続いた徳川政権の運命を決する重大会議である。芝居や映画なら諸

徳川十五代将軍慶喜

将軍・徳川慶喜が在京40藩の重役を招集し､「大政奉還」の上表文を公表した二条城二の丸御殿

大名が侃々諤々《かんかんがくがく》の議論をして、やおら将軍が苦渋の選択を重々しく告げるところがあっても、けっしておかしくないだろう。が、現実はそんなドラマチックな場面など、一切なかった。

　歴史の歯車は事ここに至るまでに、既に大きく動いていたのである。引き金は大政奉還から一年九カ月前、慶応二年一月二十一日にあった。それまで犬猿の仲だった薩摩と長州が手を結び、薩長同盟が結ばれたのだ。土佐藩を脱藩して、全国をまたに自由奔放に活躍していた土佐勤王《きんのう》党の坂本龍馬の、再三にわたる斡旋と粘り強い説得が功を奏したのだった。

　こと長州にとって薩摩は、八・一八の政変、禁門の変、第一次征長と三度、敵に回して辛酸をなめさせられた相手だ。龍馬はまず薩摩に出向き、西郷隆盛《さいごうたかもり》と会った。和解の急務を説いたその足で長州に入る。代表格の桂小五郎（後に木戸孝允《たかよし》）に「国家の大事であるぞ」と熱弁を振るう。京では相国寺《しょうこくじ》二

歴史大転換の舞台となった二条城

本松の薩摩藩邸や小松帯刀屋敷を往来した。二十一日、両者はようやくにして「今日より双方皇国のおん為、誠心を尽くし、きっと尽力いたすべき事」など、盟約六カ条を締結した。

この薩長同盟がその後の政局の行方を決定づけたわけだ。同年六月、幕府は長州に対し、禁門の変の厳しい処分を突きつけて第二次征長を強行、戦いを仕掛けるが、もとより薩摩は幕府軍への出兵を拒否する。兵力はわずかでも、兵器や兵士の士気で数段に勝る長州側が各地で優勢に戦った。悪いことは重なるもので、この間、将軍家茂《いえもち》が死去、将軍を継承した慶喜のよき理解

者であった孝明《こうめい》天皇までが十二月に亡くなっている。

政局に対する読みと見通しの甘さ。結局のところ、これが幕府の自壊作用を早めたといえる。むろん、慶喜は、対長州で強硬に厳しい処分を主張する江戸の幕閣とは違った。京にあって、刻々と変わる情勢は熟知しており、手をこまぬいて事態を傍観していたわけではない。朝廷の懐柔など次々に巻き返し策を図るが、反幕から討幕へ急速に動く時の流れに、ついに抗しきれなかった。

そんな折も折、山内容堂《ようどう》の命を受け、土佐藩の後藤象二郎《しょうじろう》が大政奉還の建白書を慶喜に提出した。その構想の基は、坂本龍馬が長崎から上京する船の中でまとめた「天下の政権を朝廷に奉還せ

仇敵・長州と和解した薩摩の藩邸跡碑

立ち寄りSPOT

二條陣屋

江戸期、参勤交代の行き帰りに京に立ち寄る大名の宿泊所であった陣屋を、一般に公開している。50分間の説明付きで陣屋内を見学できる。事前の予約が必要。

DATA

京都市中京区大宮通御池下ル137
TEL. 075-841-0972
開館時間／予約制（10:00、11:00、14:00、15:00）
定 休 日／水曜日
料　　金／大人・大学生1000円、高校生800円
（中学生以下は見学不可）

慶喜に大政奉還を進言した越前藩主・松平春嶽

春嶽の越前藩邸跡の碑は京都国際ホテル内に立つ

しめ」に始まる『船中八策《せんちゅうはっさく》』である。後藤が建白書を届けてから十日後、慶喜はついに大政を返上する決意をした。

慶喜にすれば、政権は天皇に返上するのであって、薩長の手に渡すのではない。「いずれはまた…」との計算が働いたに違いない。だが、朝廷内では討幕派の公家・岩倉具《とも》視《み》が徳川追い落としの急先鋒に立

木戸孝允邸跡碑

小御所会議で慶喜の地位剥奪を決めた

った。王政復古《おうせいふっこ》の大号令、続く小御所《こごしょ》会議で慶喜の地位剥奪《はくだつ》と領地没収が決まった。大政奉還から二カ月、慶喜の思惑ははかない夢とついえてしまう。慶応三年十二月十二日夜、慶喜は京を去った。

ところで、大政奉還を前に虚々実々、最後の駆

立ち寄りSPOT

更　科

大きなわらじが目印のそば処。おすすめの割子そばは海苔、金箔、梅おろし、ナメタケ、うずらとろろと五つの味わいが楽しめる。こだわりの北海道幌加内産そば粉を使用した手打ち麺である。

DATA

京都市中京区大宮通姉小路角
TEL. 075-841-5933
営業時間／10:30～19:30（休日は17:00まで）
定 休 日／日曜日、第二土曜日
料　　金／割子そば950円、冷やし鴨南ばそば1050円

け引きが行われていた最中、新選組局長の近藤《こんどう》勇《いさみ》と後藤象二郎が親交を深めたという意外な話がある。

後藤は将軍に建白書を提出する前段で、討幕、佐幕いずれにも根回しのため奔走していた。近藤と初めて出会ったのは、幕府大目付の永井尚志《なおのぶ》との会談の時である。永井から幕臣・近藤を紹介された。立場こそ違え、互いに一脈通じるところがあったのだろう。その後も何度か出会い、手紙の

慶喜追い落としの急先鋒に立った岩倉具視

やりとりをした記録も残っている。

長州の処分をめぐり、意見が食い違うこともあったが、近藤は「土佐の後藤にだけは無礼をするな」と隊士たちに命じたほどである。その後藤の働きで大政奉還への道が開いた。近藤はそれをどう受け止めただろうか。今となっては、うかがいようもない。ただ、慶喜が二条城を裏門から提灯もつけずに脱出したと聞いた時は、さすがに歯ぎしりをして、口惜しがったということだ。

昭和に入って、劇作家の真山青果が『将軍江戸を去る』を書き、幕切れには慶喜を演じる歌舞伎役者に「江戸の地よ、江戸の人よ、さらば」の名セリフを用意した。実際の慶喜は歴代将軍で一度も江戸城に足を踏み入れたことのない唯一の人だった。新選組の若い隊士たちからは「敵前逃亡じゃないか」とそしられもしたが、将軍に就任してわずか一年、政局混迷の打開に明け暮れた慶喜には、とても京を去る弁を準備する暇など無かった。

HISTORIC SPOT GUIDE

史跡ガイド

史跡名	所在地	備考
①京都御所	上京区京都御苑内	参観には要許可
②小御所	上京区京都御所内	参観には要許可
③薩摩藩邸跡碑	上京区烏丸通今出川上ル	現「同志社大学西門」北わき
④明治天皇行幸所木戸邸跡碑	中京区竹屋町通土手町東入ル	現「石長松菊園」正面玄関植え込み内
⑤二条城	中京区二条通堀川西入ル二条城町	
⑥福井藩邸跡碑	中京区堀川通二条下ル東側	現「京都国際ホテル」玄関南わき

新国家を目前に龍馬、壮絶な最期

近江屋事件

◇三条大橋西詰制札場跡～近江屋跡～霊山歴史館

河原町三条の一筋南側を東へ木屋町に抜ける通りは、いつからか「龍馬通り」と呼ばれるようになった。今、若者たちでにぎわうこの界わいは、幕末のころ、勤王《きんのう》、佐幕を名乗る者たちが日夜、乱闘を繰り広げ、京の中でもひときわ〝たぎった〟ところであった。

一八六六（慶応二）年夏、すぐ近くの三条大橋西詰めでは、町奉行所の制札が毎夜のように引き抜かれる騒ぎが起きている。墨で塗りつぶされることもあった。「禁裏《きんり》に発砲し、逆罪明白に付」と、長州を「朝敵」と決めつける内容だった。だが、それは二年前の禁門の変の話。政局はその後、時時刻刻と変わっているのに、制札だけはいつまでも放置されたままだ。勤王側の志士にはそれがシャクの種であり、我慢がならなかった。

三条大橋制札事件の際、新選組隊士が待機した三条会所跡

同じ年の一月、薩長同盟が成立し、第二次征長もウヤムヤの内に終わった時期である。そんな中、幕府側はメンツにかけて狼藉《ろうぜき》者を取り締まろうとする。九月十二日夜、問題の制札を引き抜き、鴨川に投げこんだ複数の土佐藩士が、見張り役を命じられていた新選組の原田左之助《はらださのすけ》らの手で斬り倒された。よほど恐れられたのだろう。さすがにそれからは制札に指一本、触れる者はいなくなったという。

この三条大橋制札事件から一年後の慶応三年十月十四日、将軍・徳川慶喜《よしのぶ》は朝廷に大政《たいせい》を返上した。その前日、「龍馬通り」にあった材木商・酢屋《すや》の二階では、二条城の会議の結果を今か今かと待ち受ける一人の男がいた。

坂本龍馬である。自分が提案した大政奉還《ほうかん》の構想はすでに土佐藩の山内容堂《ようどう》と後藤象二郎《しょうじろう》を通じて、慶喜のもとに届けられている。将軍がそれにどう答えを出すか。じりじりとしているところへ、後藤から奉還決定の知らせが入った。「よくぞご英断を下された」。龍馬は感極まった

維新を目前に散った坂本龍馬

坂本龍馬が暗殺された近江屋跡

町奉行所の制札が引き抜かれる事件が起きた三条大橋畔

ように叫び声をあげた。

土佐の郷士の家に生まれた龍馬は若くして江戸に遊学し、勝《かつ》海《かい》舟《しゅう》と出会って、開国論に悟りを開いた。ペリー来航で騒然とする時代の空気も肌で感じとり、やがて海援隊を組織、海運と貿易業に乗り出していく。一方で薩長に手を結ばせ、将軍には大政奉還を求めたのも、すべては諸外国から日本の独立を守り、統一国家を造りあげるという大望に根ざしたものである。

龍馬が考えた平和的革命は慶喜の決意で、大きくその第一歩を踏み出した。血を見ずに、政権は朝廷に返される。その知らせを受け、大感激したのも無理はない。次は天皇のもとに議会を設け、新しい国家体制を築く。日本の将来について描いた青写真は着実に実現していくかに見えた。そして、その暁には「自分は世界を舞台に仕事をするのだ」というのが龍馬の夢だった。

龍馬が滞在した材木商・酢屋

ところが、思いもかけぬどんでん返しが待ち伏せしていた。酢屋の二階で歓喜した日から一カ月後の十一月十五日夜、龍馬は同志の中岡慎太郎とともに暗殺されてしまう。場所は先の「龍馬通り」

立ち寄りSPOT

霊山歴史館

霊山護国神社の門前に建つ幕末、維新の専門歴史館。坂本龍馬愛用のピストルや、新選組の大幟など、5000点を超える収集資料、遺品が保管されている。向かいの霊山聖域には、殉国の志士をまつった墓碑が立つ。

DATA

京都市東山区清閑寺霊山町1
TEL. 075-531-3773
営業時間／10:00～16:30分（入館16:00まで）
定休日／月曜日（祝日の場合は翌日）
料　　金／一般、大学生400円、高校生300円、小、中学生200円　特別展は別料金

から幾筋か南寄りの、河原町蛸薬師下る西側の近《おう》江屋《みや》であった。

大政奉還直後の京の市中は、一時、無政府的様相となり、以前にも増して略奪、放火、殺戮《りく》が横行した。龍馬もいつ何時、佐幕派に襲われるか分からない。万一に備えて、土佐藩邸により近い近江屋に身を寄せた矢先のことだった。その夜、中岡が久しぶりに龍馬を訪ねてきた。用件の一つは

坂本龍馬・中岡慎太郎の像（円山公園）

あの三条大橋制札事件で、一人捕らわれの身となっていた、土佐藩士・宮川助五郎の身柄引き取りについてであったという。

近江屋二階の奥の間で二人が話しあっている最中、階下で大きな物音がした。若い者が騒いでいると思った龍馬は「ほたえなっ」（騒ぐな）と注意する。その時、刺客の一人が飛び込んできた。龍馬を正面から斬りつけ、続く二番手が中岡の後頭部を襲う。

龍馬が脱藩した土佐藩邸跡

龍馬暗殺は当初、新選組の仕業とされた。日ごろの行状を見れば、そう疑われても仕方がなかったかも知れない。事件当夜、二人を襲った刺客たちは、そのころ京の街にも吹き荒れた「ええじゃないか」の群衆に紛れ込み、闇の中に消えていった。真犯人が分かるのは維新後の一八七〇（明治三）年のこと。箱館戦争で降伏した見廻組《みまわりぐみ》の今井信郎の自供から、佐々木只三郎指揮の見廻組の犯行と判明した。

中岡慎太郎の寓居跡

「世の人はわれを何ともいわばいへ　わがなすことはわれのみぞ知る」。龍馬が下関にいて、詠んだ和歌とされる。時期的には彼が仕掛けた薩長同盟と大政奉還という二つの大きな〝事業〟のほぼ中間点にあたった。内乱を収拾し、この国に真

立ち寄りSPOT

酢　屋

創業以来280余年続く銘木商。木目の美しい箸置きからひな飾りにいたるまで、いずれも暖かみのある商品ばかり。かつて坂本龍馬が隠れ家とした２Fは現在ギャラリーとして公開している。

DATA

京都市中京区河原町通三条下ル一筋目「龍馬通り」
TEL. 075-211-7700
営業時間／11:00〜21:00（ギャラリーは12:00〜18:00）
定 休 日／月曜日（祝日の場合営業）
料　　金／手鞠椀3800円、根来カップ1000円

坂本・中岡の墓(京都霊山護国神社)

の平和が訪れる日を夢見て、自由闊達《かったつ》に生きた龍馬の心情が浮かび上がってくる。

伏見の寺田屋と同じく、「龍馬通り」の酢屋には龍馬をしのび、訪れる人がいまだに後を絶たない。銘木の店は河原町三条に移り、建物も昭和初年に改築され、近年、木工芸品ショップとギャラリーになったが、表のたたずまい、二階の出《で》格子《ごうし》などに往時の面影を残している。

龍馬の誕生日と命日が重なる十一月十五日には毎年、ここで追悼展が開かれ、海外雄飛や新しい国造りに話のはずんだ海援隊の日誌なども展示される。政治に経済に、国の内外とも混迷を極める今の世。平成の若者たちに龍馬は何を語りかけてくれるのだろうか。

静かなたたずまいの京都霊山護国神社

HISTORIC SPOT GUIDE

史跡ガイド

史跡名	所在地	備考
①三条大橋西詰高札場跡	中京区三条大橋西詰北側たもと付近	
②三条河原	中京区三条鴨川畔	
③三条会所跡	中京区先斗町通三条下ル石屋町125	現「有喜屋」付近
④坂本龍馬・中岡慎太郎遭難之地碑（近江屋跡）	中京区河原町通蛸薬師下ル塩屋町331	現「京阪交通社」入口南わき
⑤酢屋	中京区河原町通三条下ル一筋目東入「龍馬通り」北側	現「創作木工芸酢屋」
⑥土佐藩邸跡碑	中京区木屋町通蛸薬師下ルすぐ西側	
⑦中岡慎太郎寓居之地碑	中京区河原町通四条一筋目上ル東側	現「象」入口北わき
⑧坂本龍馬・中岡慎太郎像	東山区円山公園内東奥	
⑨京都霊山護国神社	東山区清閑寺霊山町1	
⑩霊山歴史館	東山区清閑寺霊山町1	

龍馬暗殺の仕返し 海援隊士ら急襲

天満屋騒動

◇陸援隊屯所跡～天満屋騒動跡～紀州藩邸跡

坂本龍馬が京・河原町の近江屋《おうみや》で暗殺された三週間後の十二月七日夜、下京区油小路花屋町下るの旅館・天満屋《てんまや》惣兵衛方で世にいう「天満屋騒動」が起こった。

龍馬暗殺を新選組の仕業とにらんだ土佐海援隊と十津川《とつがわ》郷士らが、紀州藩公用人で藩の最重要人物・三浦久太郎《みうらきゅうたろう》らを襲撃した事件。当時は龍馬暗殺は、新選組とする説が有力であったため、天満屋騒動は龍馬の「弔い合戦」と見られていた。

油小路花屋町下るは仏具屋町で、西本願寺の寺内町のなかでも最有力な町だった。現在、天満屋騒動をしのぶことができるのは、町内のお地蔵さんの南隣にある天満屋跡に、三浦に斬りかかって逆に殺された十津川郷士・中井庄五郎《しょうごろう》の殉難地碑が、高さ五十センチほどの石碑として残るだけだ。新選組側も隊士・宮川信吉《みやかわのぶよし》（近藤勇《こんどういさみ》の甥）が斬殺され、重傷を負った船津釜太郎《ふなづかまたろう》も後日、落命した。

この騒動の伏線はこの年四月二十三日、瀬戸内海の讃岐《さぬき》沖で海援隊の「いろは丸」と、紀州藩船「明光丸」の側面衝突事件。わずか百六十トンの「いろは丸」は大破して沈没した。この事件で海

龍馬暗殺の仕返しに起こった天満屋騒動跡

援隊の坂本龍馬は機略縦横に活躍して、紀州藩から八万三千両の莫大な賠償金をせしめた。この事件で紀州の三浦久太郎は龍馬に恨みを抱き、龍馬暗殺は三浦が知謀を巡らして、新選組にやらせたとの風聞が流されていた。

海援隊の陸奥宗光《むつむねみつ》は三浦と同じ紀州藩出身だが、脱藩して龍馬の海援隊に加わった勤王《きんのう》の志士。かねてから三浦を血祭りにあげるべしと、チャン

紀州藩を脱藩した海援隊隊士・陸奥宗光

坂本龍馬が海援隊船の沈没事件にからみ、紀州藩から賠償金をせしめて同藩の恨みをかい、暗殺につながったとの風聞が流れた…（紀州藩邸跡）

紀州藩主は興正寺に近藤勇を招いて藩の要人・三浦久太郎の警護を懇請した…

スをうかがっていた。

十二月七日、海援隊の残党ら十六人が、西洞院正面下るの料理屋・河亀に集合、午後九時ごろ三浦のいる天満屋を急襲した。

三浦は天満屋二階八畳二間の奥におり、紀州藩から三浦警護を依頼された新選組の副長助勤・斎藤一《さいとうはじめ》、調役・大石《おおいし》鍬次郎《くわじろう》ら七人と酒を飲んでいた。紀州藩主・徳川茂承《もちつぐ》が、西本願寺南隣の興正《こうしょう》寺《じ》に近藤勇を招いて、三浦久太郎警護を懇請していたのだ。

「三浦氏は御在宿でござるか」

表から声がする。備前藩士を名乗る偽名の男だった。三浦の従者三宅が応対した。

「在宿でござるが…しばしお待ちを」

取り次ぎに二階に上がったところ、十

津川郷士で居合切りの名手・中井庄五郎が駆けあがり、三浦を襲い、額と頬に軽傷を負わせた。狭い二階はたちまち修羅場に。中井は新選組に右腕を斬り落とされ、二階から転落した志士と、新選組が斬り合うなど凄惨な場面となった。

二階の灯火は消え、敵味方の区別もつかず、新選組は外に脱出して油小路での決闘となった。三浦は負傷しながらも、二階から屋根伝いに逃げて無事だった。

この天満屋騒動の記録はいろいろあり、死者や双方の人数などもまちまち。「浪士《ろうし》報国実記《ほうこくじっき》」では「土州藩にても討ち死に手負い多くある趣。新選組にては宮川信吉、船津釜太郎討ち死に。斎藤一、中村小二郎《なかむらこじろう》、梅戸勝之進《うめどかつのしん》、中条常八郎《なかじょうつねはちろう》手負い。土州より押し寄せたる人員およそ七十人ほど。実に三浦のために新選組においては多く討ち

天満屋騒動の応援部隊が同士討ちした「北小路の変」跡

土佐藩白川邸付近に置かれた陸援隊屯所跡

死に、手負いをだした」と記している。「新選組始末記」では、中井を討ち果たしたのは土方歳三《ひじかたとしぞう》となっている。

天満屋騒動の二日後の十二月九日、京都御所内の小御所《こごしょ》会議で徳川慶喜《よしのぶ》将軍に辞官納地が決定さ

立ち寄りSPOT

風俗博物館

平安時代の風俗、衣装を模型で展示するユニークな博物館。光源氏の邸宅「春の御殿」を舞台に、源氏絵巻の一場面を1/4サイズに立体再現。リアルに当時の王朝文化を体感できる。袿の試着もできる。

DATA

京都市下京区新花屋町通堀川東入ル井筒ビル5F
TEL. 075-342-5345
営業時間／9:00～17:00
定 休 日／日、祝休日
料　　金／一般400円、大・高学300円、中・小学200円

れ、八百万石の徳川最後の将軍は丸裸同然となり、翌年三月には西郷隆盛《さいごうたかもり》、勝海舟《かつかいしゅう》の会談で江戸城無血開城が決定された。

新選組は天満屋騒動の翌日、大坂の豪商十社から計四千両を借りたが、二日後に三千両返却している。借用と返却の記録だけが残り、その間に何があったかは不明だが「時代が変わった」のだ。

三浦久太郎は、維新後に東京府知事などの要職に就いた。

勝海舟との会談で江戸城無血開城を決めた西郷隆盛

立ち寄りSPOT

月桂冠大倉記念館

江戸期から明治・大正に建てられた古い酒蔵が残り、美しい景観が魅力的。記念館では昔の酒造りの道具が展示され、かつての酒造りの工程が一目で分かる。利き酒もできる。

DATA

京都市伏見区南浜町247
TEL. 075-623-2056
（酒造りの様子が見学できる酒香房は予約制）
営業時間／9:30〜16:30
定 休 日／月曜日（祝日の場合は開館）
料　　金／大人300円、中・高生100円

HISTORIC SPOT GUIDE
史跡ガイド

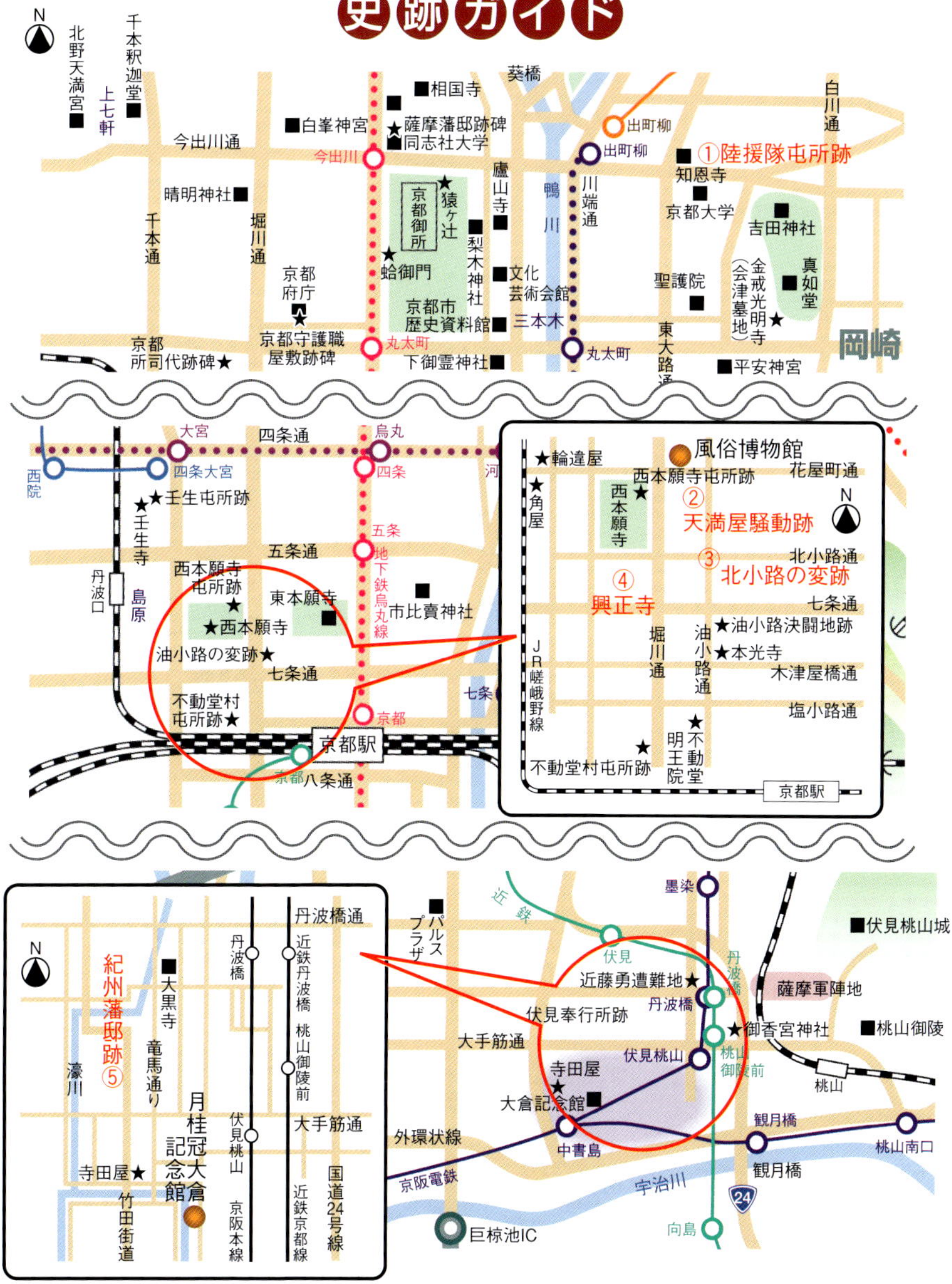

史跡名	所在地	備考
①陸援隊屯所跡	左京区北白川追分町 京都大学吉田キャンパス北部構内南西	現「理学部校舎」付近
②勤王之士贈従五位 中井庄五郎殉難の地碑（天満屋騒動跡）	下京区油小路通花屋町下ル約100m西側地蔵左横	
③北小路の変跡	下京区油小路北小路交差点付近	
④興正寺	下京区堀川通七条上ル花園町70	
⑤紀州藩邸跡	伏見区片原町300-1	現「月桂冠・昭和蔵」付近

火を噴く大砲 新選組散る

鳥羽・伏見の戦い

◇東寺〜城南宮〜御香宮神社

一八六八（慶応四）年一月三日、新選組や会津藩を主力とした旧幕府軍は、薩摩・長州藩を主力とする薩長軍と、京の南・鳥羽街道で激突した。世にいう鳥羽・伏見の戦い、戊辰《ぼしん》戦争である。

禁門の変、池田屋騒動などで幕府防衛の最前線に立ち、わが世の春を謳歌《おうか》していた新選組の、結成以来始めての負け戦だった。以来、坂道を転げるように敗走し続け、平家の落ち武者のごとく、平家とは逆の東へと敗走、奥州から北海道へ渡り、日本の夜明けとともに歴史のもくずと消えた。

京の幕府防衛軍のエースとして、不動の地位を築いたかに見えた新選組だったが、幕末から維新へ、歴史は風雲急を告げていた。前年十月十四日、徳川慶喜《よしのぶ》は大政奉還《たいせいほうかん》を願い出て「王政復古《おうせいふっこ》」が宣言されていた。慶喜は二条城から大坂城へ移

旧幕府軍の砲撃で焼失した薩摩藩邸跡

り、御所の警備も会津藩から薩摩・土佐藩に交代した。

不満を持つ旧幕府軍は京に侵攻。洛中を追われて伏見奉行所に陣を敷いた新選組は、旧幕府軍とともに京に向け北へ進軍、薩摩軍は東寺、長州軍は東福寺からそれぞれ御香宮《ごこうのみや》神社、竹田街道まで南下して幕府軍を迎え撃った。長州と新選組の立場がまるで逆転したのである。しかも開戦直後に薩長軍は「新政府軍」として錦《にしき》の御旗《みはた》を掲げた。

「あれはなんだ。どうしたん

戦火に巻き込まれた鳥羽離宮跡

薩摩軍と長州軍は御香宮神社で旧幕府軍を迎撃した

城南宮に布陣した薩摩軍の大砲が火を吹き旧幕府軍を撃破した

だ。将軍さまはどうする気だ」―。時の政府だった幕府の忠臣として戦ってきた会津軍や、新選組の隊士たちはキツネにつままれたような気がした。「敵が官軍でわれらが賊軍とは…」と、新選組ら旧幕府軍は戦場でがく然とした。十五代将軍慶喜は、すでに白旗を掲げて大坂城へ脱出、開戦直後に密かに会津藩主・松平容保《かたもり》らと榎本武揚《たけあき》率いる旧幕府海軍の軍艦「開陽丸」に乗り込み、江戸に向かっていた。

城南宮《じょうなんぐう》の小枝橋で「将軍さまが入洛するので通せ。刃向かい無礼を致すと藩ごと取りつぶしにするぞ」「将軍はもう江戸に逃げたわ。お前らはもう賊軍だ」とののしり合いが緊迫した時、薩摩軍の大砲が火を噴いた。隊長・近藤勇《こんどういさみ》、副長・土方歳三《ひじかたとしぞう》以下、副長助勤・沖田総司《おきたそうじ》、原田左之助《はらださのすけ》、永倉新八《ながくらしんぱち》、斎藤一《さいとうはじめ》ら総勢百人にも及ぶ新選組の精鋭部隊は、自慢の武術の腕を振るう絶好のチャンスに燃えていた。ただ、近藤だけは戦いの直前に、二条城から伏見への帰路、伊東甲子太郎《いとうかしたろう》の高台寺党の残党に襲われ重傷、戦場には姿を見せなかった。

「ここで負ければ新選組も終わりだ。おれたちの人生も終わりだぞ。決死の覚悟で闘え」と隊長代理の土方が檄を飛ばすと、「ウオー」と雄叫びをあげながら永倉、島田魁《しまださきがけ》らの幹部を先頭に、隊士らは薩摩の陣地に切り込んだ。その時またしても、薩摩陣地の御香宮の山から大砲の音が轟《とどろ》いた。刀に槍の隊士が大砲にかなうはずがない。新選組は伏見から淀へと退却、さらに山崎へと敗走を続けた。旧幕府軍も大砲を持っていたが、薩長軍は銃隊を編成して大砲の数も数倍、砲門も数カ所に設けられ、予想をはるかに上回る近代兵法を身に付けていた

新選組が陣を構えた伏見奉行所跡

立ち寄りSPOT

魚三楼

1764年創業の料亭。表の格子戸には鳥羽・伏見の戦いで受けた弾痕のあとが残る。古くから地元の名士たちの要望に応え、伏見では数少ない洗練された京料理が味わえる店。

DATA

京都市伏見区京町3-187
TEL. 075-601-0061
営業時間／11:00～22:00（入店は19:00まで）
定 休 日／年中無休
料　　金／花篭御膳4000円～6000円（11:00～15:00のみ）

追撃の官軍と退却中の新選組などが白兵戦を展開した千両松跡

のである。

「負けだ。日本の剣法が南蛮の大砲に負けた」。闘将・土方はがっくり肩を落とした。この戦いで、故郷の日野宿から苦楽を共にした助勤の井上源三《いのうえげんさぶ》郎《ろう》ら三十数名の隊士を失った。「俺の剣の道は何だったんだ」とつぶやいた。土方は負けを認めたが、最後まで自分の信じた道、幕府とともに戦おうと決めた。「おれは最後まで、侍として生きる」と誓った。それが土方の男の美学だった。

一方、前線に立たず大砲の怖さを知らなかった近藤は「徳川家を捨て去り何が官軍だ。薩長軍には武士道はないのか、嘆かわしい。京の仇はきっと江戸で討ってやる」と怒りをあらわにしていた。幕府の重鎮と密談を共にするまでになっていた近藤には、誇りとうぬぼれがあった。

鳥羽・伏見の戦いの跡は、名神高速道路京都南ＩＣ一帯。鳥羽大橋西に小枝橋がある。ＩＣの南に官軍の本営だった城南宮がある。さらに南に薩摩軍が五門の大砲を設置した御香宮神社が静かにたたずみ、その南方、桃陵中学グラウンドわきに

旧幕府軍の主力・会津藩兵の宿舎になった東本願寺伏見別院

「伏見奉行所跡」碑と正門に「維新戦跡」の碑が立っている。

新選組ら旧幕府軍が敗走してたどり着いた旧幕府本営の淀城は、すでに官軍の手に落ち、門前払いで山崎に向かう。敗走しながら布陣した、淀堤千両松跡は京都競馬場になり、駐車場わきに「戊辰役東軍西軍激戦之地」の碑が、淀君ゆかりの淀城址は石垣が当時の姿をとどめている。近くの鳥羽街道には、旧幕府軍戦没兵士を埋骨した愛宕茶屋埋骨地の碑が立つ。

激戦地だった伏見区淀の大専寺や長円寺、東運寺、文相寺、同区納所の妙教寺などにも戦死者の碑がある。また武神信仰を集める藤森《ふじのもり》神社には、近藤が腰痛祈願に通ったと伝えられる「旗塚」が

敗残の旧幕府軍が逃げ込もうとした淀城址

立ち寄りSPOT

鳥せい本店

1677年創業の造り酒屋「神聖」直営の鶏料理専門店。かつての酒蔵を改装している。宮崎の高千穂高原地鶏を使い、気軽に楽しめる多彩な鶏料理が味わえる。造り酒屋ならではの蔵出しの生原酒や粕汁もある。

DATA

京都市伏見区上油掛町186
TEL. 075-622-5533
営業時間／11:30〜23:00
定 休 日／月曜日（祝日の場合は営業）
料　　金／焼き鳥120円から、蔵出し生原酒400円

ある。

いったん武州に帰った近藤は、激減した新選組の残党の助っ人に、郷里の兵士を募って甲陽鎮撫《ちんぶ》隊を組織し、一八六八（慶応四）年三月、江戸から甲州へ転戦、再び官軍を迎え討った。故郷へ帰省して大歓迎を受け、兵士も予想以上に集まったため、近藤は「京や西国では官軍かも知れんが関東はまだまだ徳川幕府だ。これぞ武士よ」と気持ちを高ぶらせた。だが甲州勝沼の戦いで敗れた近藤は、下総《しもふさ》流山で偽名を使って投降する。「俺は幕臣だ。投降しても、よもや切腹させられないだろう」と思った近藤の読みの甘さがあった。四月二十五日、近藤は捕らえられて板橋で斬首《ざんしゅ》され、京・鴨川の三条河原で晒し首にされた。

一方、関東に帰って近藤と決別した土方は、会津に向かったが城に入れず、旧幕府艦隊・榎本武揚の「開陽丸」に乗り込んで箱館まで転戦した後、箱館で戦死した。近藤を慕って最後まで近藤の腹心を務め、新選組ナンバー2の座にあった土方が、初めて近藤を超えた瞬間でもあった。

戦火に巻き込まれた妙教寺（上）と
同寺の砲弾貫通柱（下）

HISTORIC SPOT GUIDE

史跡ガイド

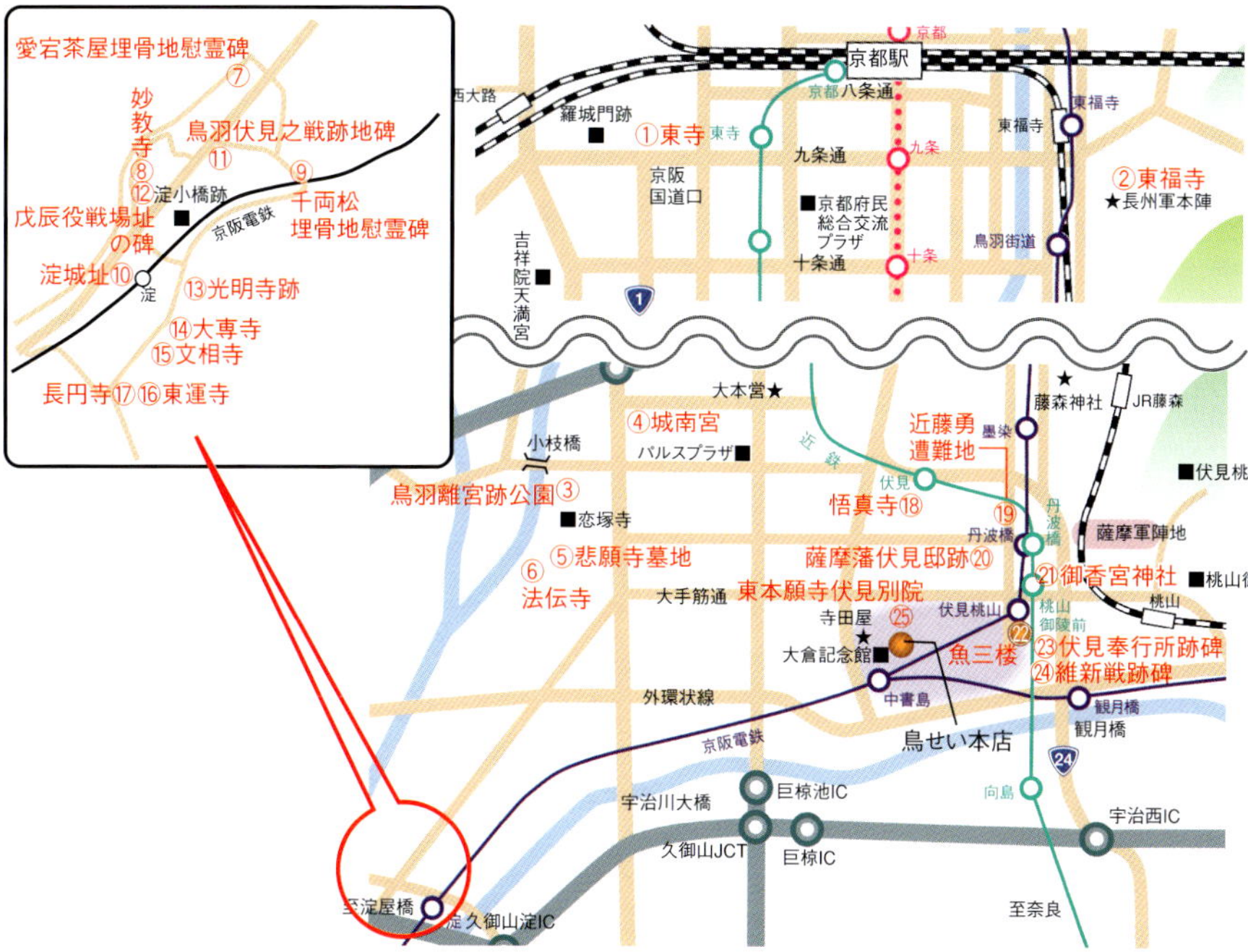

史 跡 名	所 在 地	備　　考
①東寺	南区九条町1	
②東福寺	東山区本町15丁目778	
③鳥羽離宮跡公園	伏見区中島御所ノ内町	
④城南宮	伏見区中島鳥羽離宮町7	
⑤悲願寺墓地	伏見区下鳥羽柳長町	現「柳長児童公園」北側
⑥法伝寺	伏見区下鳥羽三町61	
⑦愛宕茶屋埋骨地慰霊碑	伏見区納所岸ノ下	現「京阪国道北西堤防沿い・金井病院バス停」北わき
⑧妙教寺	伏見区納所北城堀町49	
⑨千両松埋骨地慰霊碑	伏見区納所下野	現「納所2号橋」下
⑩淀城址	伏見区淀本町	
⑪鳥羽伏見之戦跡地碑	伏見区納所星柳17-2	現「セントラルハイツ淀」北東わき
⑫戊辰役戦場址の碑	伏見区納所妙徳寺24-2　京阪国道納所歩道橋南西わき道奥	現「納所会館」入口北東植え込み内
⑬光明寺跡(戊辰役東軍戦死者埋骨地碑)	伏見区淀池上町71	現「京都競馬場乗馬センター」入口手前右側
⑭大専寺	伏見区淀下津町52	
⑮文相寺	伏見区淀新町58	
⑯東運寺	伏見区淀新町618-1	
⑰長円寺	伏見区淀新町681	
⑱悟真寺	伏見区榎町713	
⑲近藤勇遭難地	伏見区京町丹波橋交差点北側付近	
⑳薩摩藩伏見邸跡	伏見区東堺町付近一帯	現「松山酒造」「共同酒造」ほか付近一帯
㉑御香宮神社	伏見区御香宮門前町176	
㉒魚三楼	伏見区京町3丁目187-1	
㉓伏見奉行所跡碑	伏見区桃陵町1-1	現「桃陵中学校グラウンド」入るすぐ左側
㉔維新戦跡碑	伏見区桃陵町1-1	現「桃陵中学校」正門入る正面植え込み内
㉕東本願寺伏見別院	伏見区大阪町609	

モテ男の筆頭は役者顔の土方歳三

新選組と女性たち

◇祇園～島原～寺田屋

「士道にそむくな」「局の脱退を許さず」「勝手にカネを都合するな」など新選組局中法度《きょくちゅうはっと》は、違反即切腹という苛烈《かれつ》なものだったが「女に手を出すな」とは言ってない。今日明日の命をかけて戦う若い隊士に、女を慎めとは言えたものではない。近藤局長自身も七条に妾宅を構え、太夫を身受けしたりしている。

一八六四（元治元年）年五月二十日、近藤勇《こんどういさみ》が郷里多摩の友人・中島次郎兵衛に宛てた手紙がある。

「先年、府中の宿で妄戯《もうぎ》を楽しんだのを思い出した。しかし当節は女性と戯れることはいささかもありません。局中しきりに男色がはやっています」

京にきたのは前年の二月。この手紙の二週間後に、有名な池田屋騒動で討幕派志士を一網打尽にして、新選組は一躍有名となる。それまでは新選組そのものの前途がはっきり見えず、隊士の脱退も多かった。平隊士はカネがなく、遊郭に遊ぶ余裕はまだ無い。局中にホモ行為が流行とは深刻で、緊張感が欠けていたことをうかがわせる。このころの屯所はまだ壬生《みぶ》村。壬生寺《みぶでら》、新徳禅寺《しんとくぜんじ》、郷士の家の外は一面の畑地、夜は真っ暗な田舎だった。五月二十日は、新暦では京のうだるような真夏。

ごそこそと屈強の若者が求め合うのは、いささか気味が悪い。

知性と憂いの入りまじった土方は現代的なハンサムだ

新選組で一番モテたのは土方《ひじかた》歳三《としぞう》だ。目元が涼しく鼻筋が通り、額には知性と憂いが入り交じり、髪はふさふさ。「まるで役者のようだ」と言われ、女性から「歳《とし》さん」と呼ばれた。土方歳三が一八六三（文久三）年十一月、南多摩のスポンサー・

近藤や土方もくぐった島原大門

小島鹿之助に送った手紙はモテ自慢として有名だ。

「私ども報国有志をめがけて婦人が慕ってくるのは筆紙に尽くしがたい。まず島原にては花君太夫、天神、一元、祇園では芸妓三人、北野では君菊、小楽という舞妓、大坂新町では若鶴太夫ほか二、三人、北の新地では沢山で筆では尽くしがたい」

この手紙は、土方の壬生入りから九カ月後のもの。芹沢鴨《せりざわかも》らの粛清《しゅくせい》を終えたばかりの土方に、これだけの艶聞と余裕があったのだ。歳三は手紙の最後に「報国の心をわするる婦人かな」と記したあと反省し「朝夕に民安かれと、いのる身の心にかかる奥津しらなみ」と歌っている。どちらも本音であろう。

このころの新選組はみんな貧乏で、隊

服を作るのに大坂の豪商・鴻池《こうのいけ》から三百両を借りている。「島原」の太夫といえば、この世界の最高位で松の位。恐らく女性の方が自分で花代を負担したのだろう。

土方は美男のうえに手も早かった。十七歳で江戸大伝馬町の呉服屋に奉公したが、そこの女中に手を出してたたき出された。吉原遊郭にもせっせと通い、年増の花魁《おいらん》をめぐって決闘騒ぎを起こしている。

新選組がカネを手にするようになったのは、池田屋騒動以後である。京、大坂のカネ持ちからゆするようにカネを借り、相手も「カネですむなら」と出した。借用書があってもただの紙切れだ。

近藤勇局長は、郷里に松井ツネという妻と子供が一人あった。律義に仕送りを続けた。新選組に関する資料には度々、七条の妾宅が出てくる。不《ふ》動堂村《どうどうむら》の屯所のすぐ北に別宅を構えていた。

近藤は頬骨が突き出たイカツイ風貌で、とても男前とは言い兼ねるが結構モテた。興正寺《こうしょうじ》向かいの木津屋橋醒ケ井《さめがい》の妾宅には深雪太夫《みゆきだゆう》がおり、ほかにも三本木の駒野《こまの》、深雪の妹お孝、金太夫、植野、およしらがいた。駒野、お孝は近藤の子を産んでいる。近藤は故郷の本妻には二度だけ会っ

立ち寄りSPOT

新選組記念館

新選組に関する資料を展示した私設ミュージアム。島原にほど近く、周辺には志士とゆかりのある遺跡などが多く残る。二階は宿泊施設となっている。

DATA

京都市下京区五条通坊城下ル
TEL. 075-344-6376（不在時TEL. 0774-43-3747）
営業時間／予約制
定休日／無休
料　金／入館料500円、宿泊4500円

ている。

新選組は女性問題は大目に見ていたかというと、そうでもない。田内知《たうちとも》という隊士は、八条村の小座敷を借りて妾を囲っていた。この妾は近くの本円寺に仮寓していた水戸藩士と密通していた。何も知らない田内はある日、妾宅を訪れた。水戸藩士は驚いて押し入れに隠れたが、部屋には酒とお膳がある。

「このお膳は一体誰のためだ」と問いただす。

水戸藩士はもはやこれまでと押し入れから飛び出し、田内の肩と両足をなで斬りし、妾とともに逃亡した。重傷の田内は本陣に運び込まれたが「士道不覚悟の趣をもって」切腹させられた。新選組隊士たるものが、間男に斬られるとはみっともないという理由だ。ほかにも町家の

土方歳三がなじみにしていた舞妓・君菊、子楽のいた花街・上七軒

近藤勇と深い仲になった駒野は三本木の芸妓

女房と密通した隊士も切腹させられている。

新選組が愛用した店は、島原の「木津屋」「千紅萬紫楼」など。「旅硯九重日記」には「木津屋」での桃花の宴には近藤勇、土方歳三、沖田総司《おきたそうじ》ら大幹部が居並び光扇太夫、金太夫、光綾太夫ら芸

立ち寄りSPOT

龍馬寿司　かき仙

竜馬通り商店街で人気の龍馬寿司。龍馬の出身地高知の皿鉢料理にヒントを得た鯖寿司で、京風にアレンジしている。白胡麻とショウガの入った寿司飯が鯖の旨みを引き立てている。

DATA

京都市伏見区竜馬通り中央
TEL. 075-611-2532
営業時間／9:00～19:00
定 休 日／無休
料　　金／龍馬寿司（竹の皮包み）2000、3000円

祇園では勤王の志士はモテたが、乱暴な振る舞いの新選組は煙たがられた(祇園・白川付近)

舞妓三十余人が接待したと、豪勢な祝宴を記している。

一方、新選組は祇園ではあまり評判がよくなく、長州などの勤王《きんのう》の志士たちのほうが人気があった。井上馨《かおる》、伊藤博文、桂小五郎らがよく遊び、維新後の明治政府には総理大臣など政府高官に、そうそうたる人材を送り込んだ。祇園花街に建《けん》仁寺《にんじ》北側の払い下げを、あっさり許可したのも、高官が志士時代に祇園で遊んだ縁だ。新選組は南座の顔見世で騒ぎだし、町民が連れてきた芸妓を横取りしようと乱暴するなど、祇園の女性からは「遊びかた知らはらへん田舎者」と煙たがられていたようだ。

HISTORIC SPOT GUIDE

史跡ガイド

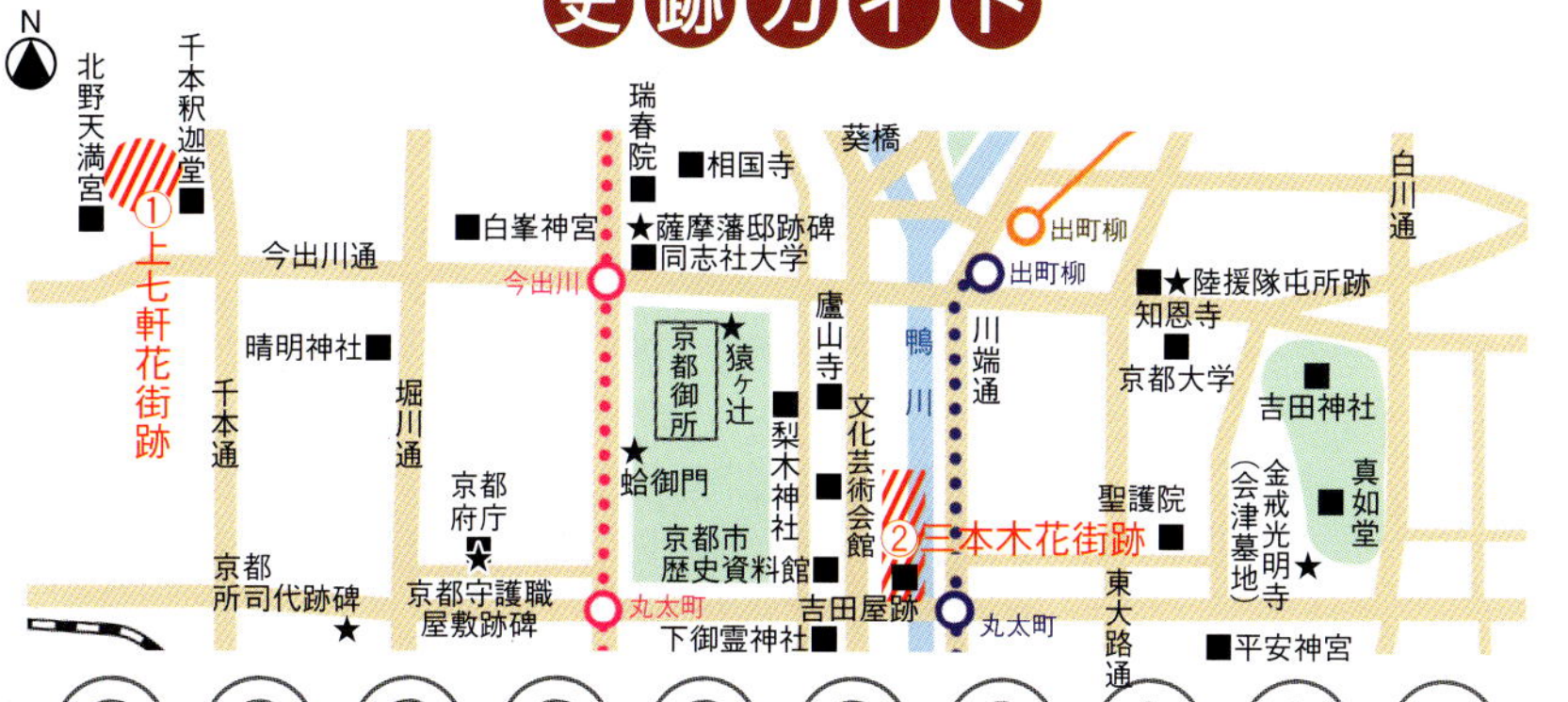

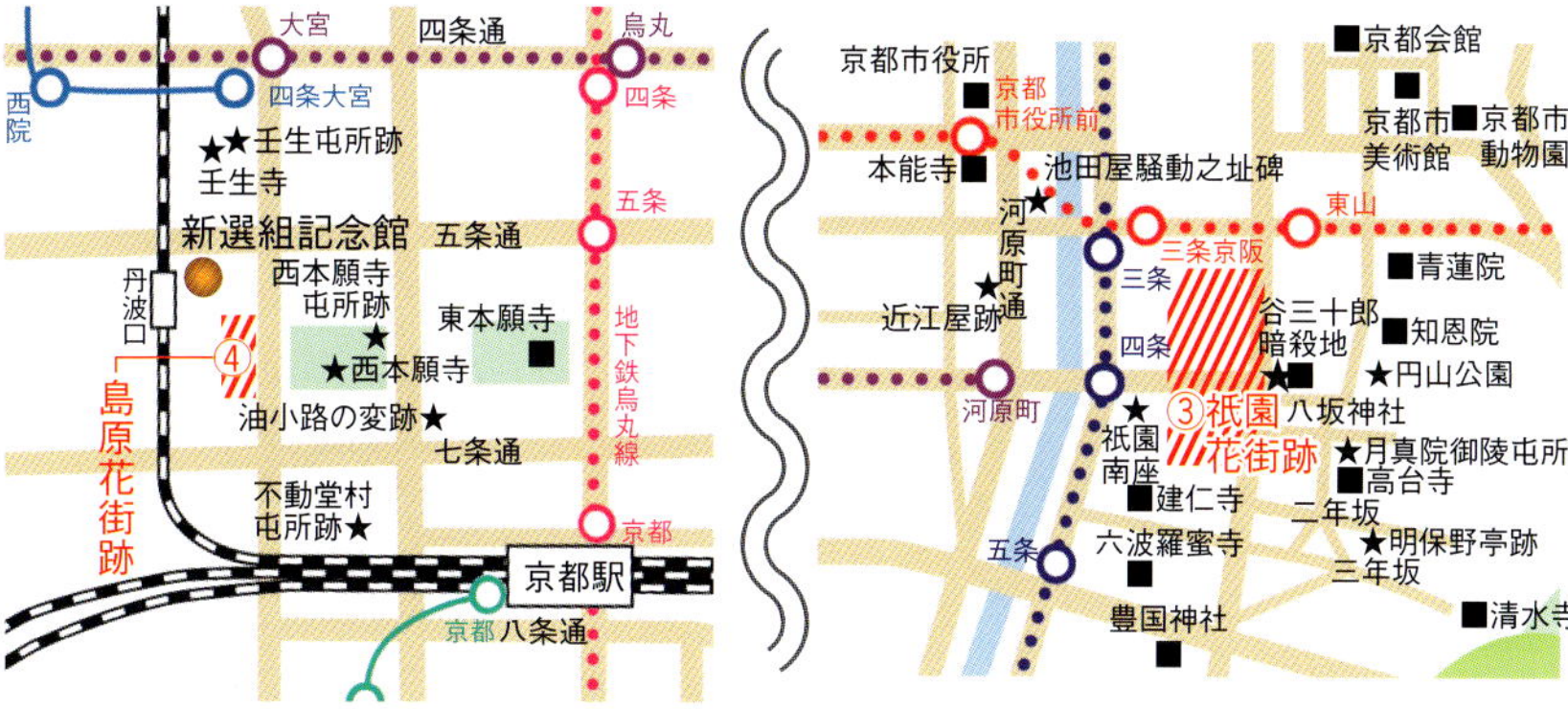

史跡名	所在地	備考
①上七軒花街跡	上京区今出川七本松交差点北東付近一帯	
②三本木花街跡	上京区河原町丸太町北東付近一帯	現「東三本木通～西三本木通」一帯
③祇園花街跡	東山区四条花見小路付近一帯	
④島原花街跡	下京区西新屋敷付近一帯	
⑤寺田屋	伏見区南浜町263	

維新後の京の点景

涼しい川風が吹き抜ける鴨川・三条大橋下の床風景

人や人力車や荷車がのんびり行き交う四条大橋

写真協力：国際日本文化研究センター

第二章
新選組のふるさと

ファン必見の資料館や史跡

近藤・土方・沖田の生い立ち

東京新宿からＪＲ中央線に乗り、約三十分で三鷹駅。人見街道を進み、三鷹市と調布市との境界付近、武蔵野風情を漂わす街道沿いに近藤勇《こんどういさみ》の生家跡がある。さらに西へ多摩川をまたぐと、日野駅前の甲州街道沿い、かつて日野宿のあった地に土方歳三《ひじかたとしぞう》の生家がある。いずれも東京都下とはいえ、新興住宅地のすき間に、今も江戸の田舎情緒をしのばせる町並が残っている。

近藤も土方も農家の息子だったが、貧農の出ではない。一八三四（天保五）年、宮川家の三男に生まれた勇は、道場を開いていた父の影響でわんぱく剣士だった。出稽古《でげいこ》をつけに来ていた江戸の試衛館《しえいかん》道場主の近藤周助に見初められて、近藤家に養子に入り同館四代目を継いだ。試衛館の近藤周助は多摩一円に剣術指南に出かけ、農家の青年に武術を教え、門弟三百人を数えたという。

江戸に道場を構えていたとはい

甲州街道日野宿跡（東京都日野市）

土方歳三の生家（日野市　写真協力：日野市ふるさと博物館）

え、武士階級の通う花形道場、北辰一刀流《ほくしんいっとうりゅう》の千葉周作道場などと違い「いも道場」とからかわれていた。が、農家の門弟たちは稽古熱心で学問にも精を出し、しつけも厳しかった。幕末、戦乱もなく平和ぼけしていた武士よりも、彼らは武士らしく武士道を極めようとしていた。生家の近くにある菩提寺に、近藤勇と妻つねが眠る龍源寺《りゅうげんじ》があり、木刀などの遺品が保管され、近藤の銅像が立つ。太くて重い木刀で鍛えた、相打ち覚悟の古武道・天然理心流の剣法は、実践向きで真剣勝負には強かった。京都を舞台にした維新の志士たちとの斬り合いでも近藤、土方、沖田、永倉らの試衛館組の新選組隊士の方が強かったのではないかといわれる。

　近藤勇の養父・周助がよく指南に訪れた小島家は、江戸中期に小野路宿として栄えた小

近藤勇の生家跡（東京都調布市）

野路村（現町田市小野路町）の寄場名主《よせばみょうしゅ》だ。小高い山並みを背にした小島家は、今も「小島資料館」として近藤ら新選組の膨大な資料を保存している。茅葺《かやぶ》き屋根は改築されたが、一階部分は当時のまま残され、近藤、沖田が出稽古した庭や、いつも見上げていた山の木々は、年輪を増したが当時と同じ風景を伝えている。

三千平方メートルの敷地に建つ家屋の一階は、大黒柱も間取りも当時の姿をとどめ、近藤らが寝起きした部屋に立つと、思わず隊士たちの青春が脳裏をよぎる。近藤、土方、沖田が京から出した書簡や稽古着、武具などが展示されている。いずれも達筆だが、近藤が長々と京での近況をつづっているのに比べ、土方の書は簡単明瞭で箇条書きで必要事項を書いている。沖田の書は、細くてやや神経質そうな筆運びだ。武具では稽古に使った太い木刀や、どくろの刺繍の稽古着を始め、池田屋騒動の時に近藤が身に付けていた鉄兜《てつかぶと》、鎖着込みなどの重装備が展示されている。上着だけでも五キロ、暑い京の夏の志士との決戦は、さぞ大変だったに違いない。

近藤勇の墓がある龍源寺(上)と
境内の墓(下)(東京都三鷹市)

当時の名主・小島鹿之助は、近藤と義兄弟の契りを結んだスポンサー的存在で、近藤に剣を習い、近藤に学問を教えた。鹿之助の子孫で館長の小島政孝さんは「新選組は京で人を斬ってばかりいたようにいわれているが、実像は礼儀正しく、稽古の合間には頼山陽《らいさんよう》の日本外史を読み、漢学も学び、凛《りん》とした佐幕思想を持っていた。近藤は勤勉実直の努力の人で親分肌だった」と話す。京から毎年年賀状をしたためるほど、世話になっている故郷の知人には礼を尽くしていた。新選組関係の資料は、華やかな舞台となった京都にはほとんど無いが、隊士たちを送り出した故郷には多くの遺品が残され、小説やドラマにはない隊士たちの真摯《しんし》な素顔が垣間見える。小島資料館は周囲の風景も含め、新選組ファンならずとも、ぜひ訪れて見たい。

土方の故郷日野市にも多くの史跡、遺品が収集され、土方家や歳三の姉が嫁いだ名主で、日野農兵隊長も務めた、佐藤彦五郎一族の血が今も脈々と続いている。小島鹿之助と佐藤も、近藤周助を通して義兄弟になった。歳三も小島家とは親戚に当たり、強い絆《きずな》の支援トライアングルが新選組を世に送り出したのである。土方家の菩提寺・石田《せきでん》寺の墓石の大半は「土方家」とあり、墓石はいずれも立派だが、供養花の絶えない墓石が歳三の墓である。

一八三五（天保六）年、石田村の豪農の四男に生まれた歳三は、十一歳で江戸の松坂屋呉服店に奉公に出たが長続きせず帰郷。稼業の「石田散薬」

土方歳三の墓がある石田寺(日野市)

の行商をし、十七歳で再び江戸の呉服店に奉公したが、店の女と深い仲になり懲戒免職になる。文武両道のわんぱく少年・近藤勇と違い、軟弱な少年時代を送っている。後に豪の近藤、柔の土方と呼ばれたゆえんなのか。しかし歳三はその後、出稽古に来ていた近藤や沖田にほれ、本格的に武道に励むようになる。

土方の墓にはファンの参拝が絶えぬ

「若いのにすごい奴がいる。俺はいままで何をしていたのか」。歳三は九歳も年下の師範代・沖田に教えを請い、行商のかたわら剣術を磨き、帰宅してからも庭先で黙々と木刀を振った。女や商売では早咲き、剣術では遅咲きだった歳三は、メキメキ腕を上げて試衛館に土方ありといわれるようになる。そして村の代表格として、甥の井上源三郎《いのうえげんざぶろう》、佐藤房次郎《さとうふさじろう》ら十人もの若者を連れて浪士隊に参加するのである。

土方歳三資料館（日野市）

日野には石田寺のほか、歳三の生家跡が「土方歳三資料館」になっており、歳三の愛刀などの遺品が展示されている。また、歳三の檀家寺で関東三大不動として知られる高幡《たかはた》

資料館の内部

不動尊には歳三の銅像が立っている。また日野駅前の八坂神社には日野宿天然理心流の奉納額があり、近藤勇や沖田総司《おきたそうじ》など、幹部名がずらりと並ぶが、まだ門弟だった土方の名はない。このことで歳三は奮起、名剣士へ昇り詰めたという逸話が残る。今も日野の甲州街道沿いに住み、日野宿から京都、さらに会津、函館までの歳三の生涯を追っかけて、貴重な資料を発掘・調査している谷春雄さん（七九）は「日野宿は大名行列も通り、江

りりしい姿の土方像（日野市・高幡不動尊）

戸に食糧を供給、農兵も組織して幕府を守り、文人たちも遊んだ江戸文化の影響を受けた地。京の朝廷びいきと同じように、徳川びいきの風土があった。有力名主を始め、多摩地区あげての物心両面の支援を受けて心身を鍛え上げ、徳川家に忠誠心を捧げるべく京へ発った」と話す。単なる農民上がりの荒くれ浪士ではなく、幕臣を夢見た佐幕思想の青年たちだったのである。特に歳三は、後輩の沖田に教えを受けながら人間的にも成長。京への旅の途中で近藤と共にその人柄、統率力を認められ、京に着くと近藤や沖田ら仲間の推挙で副長に就任した。多摩で青春を懸命に生きた隊長・近藤―参謀格の土方―切

JR板橋駅前にある近藤、土方の供養碑（東京都板橋区）

り込み隊長・沖田の信頼で結ばれた強固なラインが、新選組を幕末維新の歴史舞台に登場させたのである。

沖田は一八四四（天保十五）年、江戸詰め白河藩士の長男に生まれたが、幼少時に両親を亡くして九歳から試衛館に入門。近藤を兄と慕い、弱冠二十歳で勇の後を継ぎ、師範代になっている。天才、異才剣士と呼ばれ、結婚して跡継ぎにという話もあったが、エリート武士の道を捨て、恋人お琴との結婚も拒否して武道に生きた。兄と慕う近藤と義兄弟になり、ニヒルな生き方と非情な剣さばきで脚光を浴び、若くして江戸で果てた悲劇の生涯を義経とダブらせて、後年、新選組のヒーローとなった。

日野市ふるさと博物館には、建具職人でもある谷さん手作りの土方歳三生家の復元図や、谷さんが収集した土方と新選組に関する資料が展示されている。時を経ても、土方らの新選組は今も郷土の英雄として後世に伝えられている。同博物館は毎年、歳三の命日を挟む四～六月に日野と新選組に関する企画展を開いている。新選組を生んだ歴史風土を知る絶好の機会だ。フィクションでは味わえない新選組の実像が五感に伝わってきて、ますます新選組ファンになってしまうこと請け合いだ。歳三の義兄・佐藤彦五郎邸が「日野館」として残り、蕎麦屋になっている。また、新宿区市ヶ谷には隊士を輩出した試衛館道場跡地がある。

勇の娘婿が明治期に建てた近藤道場（昭和17年に現在地に移築＝調布市）

第三章
新選組の終焉

幕府に義を貫いた 歳三〝男の美学〟

箱館五稜郭戦争

徳川幕府が大政《たいせい》を朝廷に奉還《ほうかん》した上に「徳川家の辞官納地」が決定され、江戸城はすでに無血開城された。幕府のため「誠」の一字で尽くしてきたつもりの新選組は「賊徒」と侮蔑《ぶべつ》的な呼び方をされた。

明治と改元する直前の一八六八（慶応四）年八月十九日、旧幕府海軍副総裁・榎本武揚《たけあき》は、軍艦八隻で江戸品川沖から脱出した。榎本武揚自身がオランダに留学、輸入した幕府最大の新鋭旗艦「開陽」と「蟠龍」「回天」など八隻で「衝鋒《こうほう》隊」四百人、大鳥圭介《おおとりけいすけ》の「伝習隊」三百八十五人など総計二千八百人。その中に土方歳三《ひじかたとしぞう》、森常吉《もりつねきち》ら「新選組」の百五十人の姿があった。十月二十日、蝦夷《えぞ》地鷲《わし》ノ木（森町）に上陸した。

官軍（新政府軍）は鶴ヶ城＝会津若松城を落城させ、世に名高い白虎《びゃっこ》隊《たい》の悲劇が起きた。奥羽越列藩同盟は会津を見殺しにして、次々と官軍に帰順した。唯一、官軍に叛旗《はんき》を翻すのは蝦夷地《えぞち》（明治二年、北海道と改称）を攻める榎本武揚一派だけとなった。

榎本軍の蝦夷攻略は、箱館（現函館）府のある要港・箱館と五稜郭《ごりょうかく》、松前藩の福山と蝦夷地の

官軍に攻めたてられて落城した鶴ヶ城＝会津若松城（福島県会津若松市　写真協力：会津若松市観光課）

台所といわれる江差《えさし》の三カ所だ。鷲ノ木に上陸した榎本軍は大鳥圭介、土方歳三らが各地で激戦の末に官軍を破った。土方歳三は箱館を目指して、敗走する官軍を追って五稜郭に迫った。官軍総崩れを知った箱館府は十月二十四日夜、箱館港から「陽春艦」で青森に退却、五稜郭は戦わずして榎本武揚の手に落ちた。「回天」「蟠龍」の二艦は、徳川艦隊を示す「日の丸」を高々と掲げ入港した。

二十八日には、箱館の官軍遁走《とんそう》を知らずに入港した秋田藩の軍艦「高雄」が襲われ、榎本軍の「第二回天」に組み入れられるという特大の戦利品を得た。十一月一日、旗艦「開陽」が修理を終えて入港、祝砲二十一発を轟《とどろ》かせて榎本らが五稜郭入城、市民に米銭を配ったと「雨窓紀聞《うそうきぶん》」に記す。

松前藩がある福山（今の松前町）攻略は、土方歳三をトップとする七百人が知内村（尻内村）で陣を構えた。松前藩兵が土方軍の糧道を断つため、

土方歳三が立てこもった五稜郭(北海道函館市　写真協力：函館市商工観光部観光室観光課)

後方から放火して夜襲をかけたが、土方軍に圧倒されて逃亡した。支援の「回天」が福山に向けて大砲を発射、さながら「疾風の千花を散らす」ごとき砲撃戦となり、「回天」も被弾したがケガ人はなかった。さらに土方歳三は進撃して松前軍を破り、市中の法華寺に大砲を据え付けて、福山城内に砲弾をぶち込んだ。松前軍は市中に火を放って、城下の四分の三を焼いた。敵の手に落ちる前に焼いてしまうのが古来の戦法の一つだ。松前藩主や、重臣、姫君らは厚沢部《あつさぶ》の急ごしらえの新城に逃れ、さらに海峡を渡って津軽に落ち延びた。

残るのは民謡・江差追分で知られ、北前船の基地として栄えた蝦夷の台所・江差だ。勤王《きんのう》派の牙城でもある。陸から土方軍と松岡軍、海上からは旗艦「開陽」に乗った榎本武揚が攻める。ところが江差では、廻船《かいせん》問屋や大店《おおだな》などは山中に家財道具を隠し、金品は土中に埋めるなど「寂寥《せきりょう》として人音なし」で無人状態「(関川家文書)」だった。

箱館戦争で戦死した土方ら旧幕府軍の兵士を葬った称名寺(右)と供養碑(左)(函館市)

「開陽」が鴎《かもめ》島《じま》に大砲をぶち込んでも無反応、榎本軍は江差を無血占領した。ここで思わぬ大誤算が起きた。暴風雨に巻き込まれた「開陽」が座礁、これを救援しようと箱館から駆けつけた「回天」「神速」も荒天で近づけず、「開陽」

オランダから輸入した幕府最大の新鋭軍艦「開陽丸」(写真協力：江差町教育委員会)

土方歳三が戦死したとされる一本木関門(函館市)

は沈没、「神速」も大破し、榎本軍は「虎の子」を失ったのだ。しかし榎本軍は箱館五稜郭、福山城の松前藩、蝦夷の台所・江差を制圧して明治元年十二月十五日、蝦夷地全島平定、榎本政権誕生を内外に示した。新政権総裁は士官以上の選挙で行われ、トップは百五十六票の榎本武揚、以下松平太郎、永井玄蕃、大鳥圭介、松岡四郎次郎、土方歳三は六位の七十三票。土方は新政権の陸軍奉行並となった。

新選組の栄光はここまで。明治二年四月八日、官軍の総攻撃が始まり、まず江差を官軍が奪還した。榎本軍の敗走の始まりだ。江差港には官軍の武器、食料とともに兵五千人が殺到した。土方歳三は二股口で激烈な戦闘を挑み、官軍は十六時間かけても土方軍を落とせなかった。榎本軍の小杉政之進は「兵士が千発近く発砲したため銃が熱くて持てず、水桶で冷やしながら弾を込めた」と、壮絶な銃撃戦を記す。一方、榎本艦隊は「蟠龍」

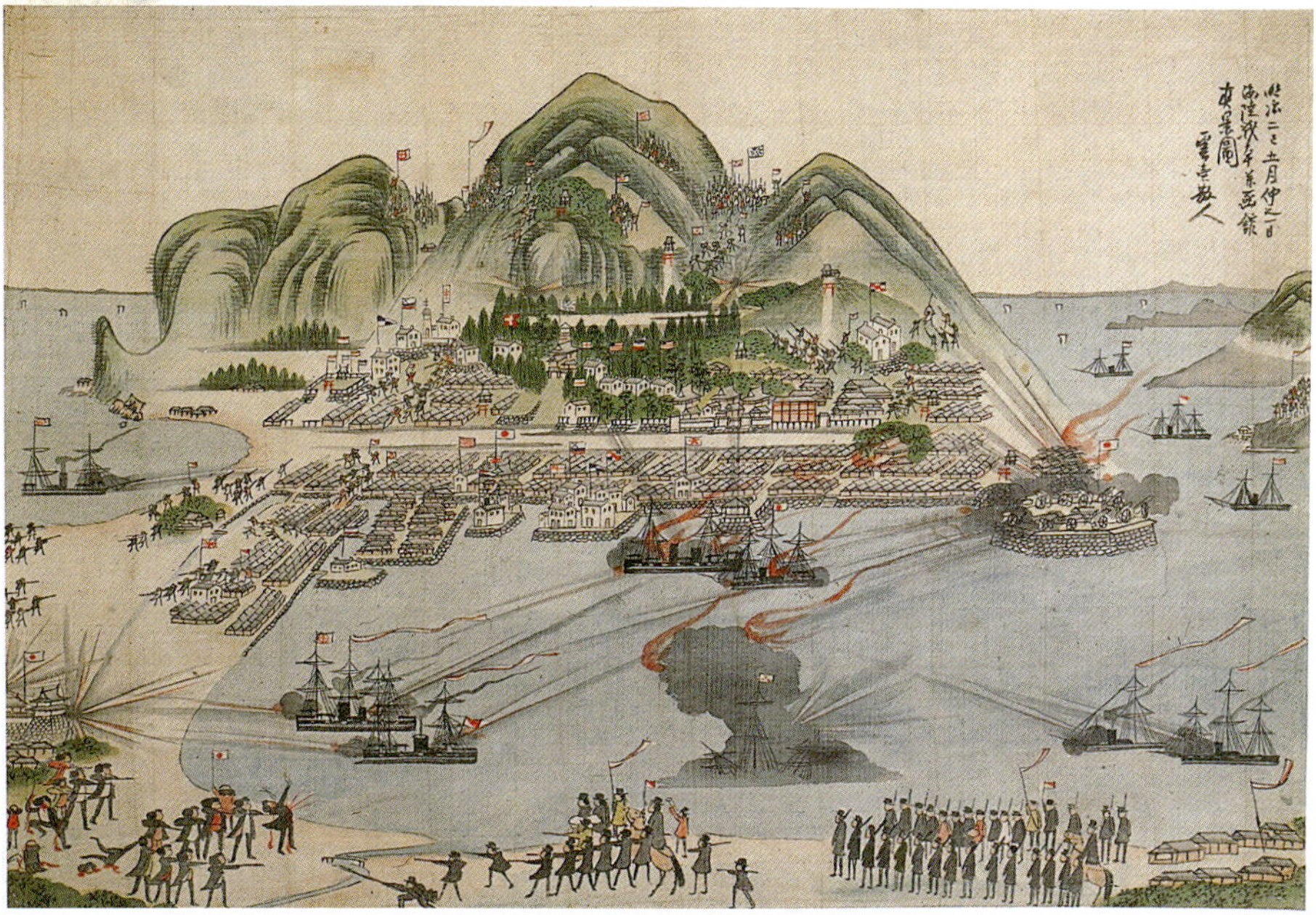

箱館戦争を描いた絵図(写真協力：市立函館博物館)

「回天」「千代田形」を失い五月十一日、榎本艦隊が消滅、官軍が一気に優勢に立った。土方勢は五月十一日、箱館奪還をめざし大森浜から進撃し、奮戦したが大敗、土方は官軍に単騎血戦を挑んだが腰を撃たれて落馬、絶命した。

「俺は武士の志を捨てない。それが男の生き方だ」

土方歳三の三十四年

維新行列もある「箱館五稜郭祭」(函館市　写真協力：函館市商工観光部観光室観光課)

五稜郭は桜の名所として市民に親しまれている（写真協力：函館市商工観光部観光室観光課）

の壮烈な生涯だ。日野の農家に生まれ、丁稚小僧修業の時代もあった。近藤勇《こんどういさみ》斬首、沖田総司《おきたそうじ》病死のあとも、北海道で幕臣でもないのに、幕府に義を貫いた、一徹の人生だった。

箱館五稜郭わきには観光タワーが建ち、春は桜の名所だ。五稜郭戦争の資料館もある。箱館八幡宮の森の中には「碧血碑《へきけつ》」が立つ。義に殉じた男の血は三年たつと碧《みどり》となるの意味。筆は五稜郭戦争で敗れた大鳥圭介。官軍に降伏、獄中にあったが許されて政府高官となった人。榎本武揚も後に特赦され、明治政府の閣僚となった。江差には「開陽」の復元艦が鴎島に巨大な姿を見せ、観光名物となっている。

新選組とは一体、なんであったのか。食い詰めの浪人集団が会津藩預かりとなり、幕府崩壊寸前に旗本になったが、二百七十年続いた巨大王国が消滅、オーナーは謹慎《きんしん》の身に。幕末を駆け抜けた新選組の「なぜ」は、今も問いかけが続いている。

第四章 人物列伝

新選組名鑑

近藤《こんどう》　勇《いさみ》

一八三四（天保五）年、武蔵国多摩郡石原村生、幼名・宮川勝五郎。古武道の流れをくむ真剣勝負の実践剣法・天然理心流四代目宗家。試衛館道場主。一八六三（文久三）年、門弟らを率いて浪士隊として上洛。京で新選組を結成して局長となり優れた統率力、決断力で京市中の取り締まりにあたる。文武両道、質実剛健の武人。一八六八（慶応四）年、鳥羽・伏見の戦いに敗れ、江戸に戻り甲陽鎮撫隊として戦ったが敗れ、下総流山で官軍に出頭。四月江戸板橋で刑死、三十五歳。

土方《ひじかた》　歳三《としぞう》

一八三五（天保六）年、多摩郡石田村生。十一歳で江戸に丁稚奉公に出たが一八五九（安政六）年、試衛館に入門してメキメキ頭角を現し、浪士隊の一員として京へ向かう直前には師範代になった。新選組副長となり、近藤の腹心として活躍。剛の近藤、柔の土方といわれた。鬼の副長の異名もとるが、美男剣士で組の参謀役に徹し、作戦、企画力にも長け、隊士の兄貴分として慕われた。おしゃれで男の美学を貫き、近藤の死後も会津、仙台、箱館に転戦したが一八六九（明治二）年、箱館戦争で壮烈な死を遂げた。三十五歳。

芹沢《せりざわ》　鴨《かも》

一八三〇（文政十三）年？、常陸国行方郡芹沢村の水戸郷士生。攘夷派脱藩浪人で水戸天狗党出身。京で新選組筆頭局長に推される。剛胆な親分肌で神道無念流の達人。だが酒乱、粗暴な性格で浪士隊入洛の道中から乱行が目立ち、文久三年九月、新選組結成直後に近藤ら試衛館派に暗殺された。三十三歳？。

山南《やまなみ》　敬助《けいすけ》

一八三三（天保四）年、陸奥仙台藩剣術指南の家に生。北辰一刀流免許皆伝の腕前だったが、近藤に敗れて試衛館の食客となり、沖田らと共に多摩に剣術指南に出かける。

京入洛後は新選組副長、総長などの要職を務めたが一八六五（慶応元）年、隊を脱走。同僚沖田に追跡を受け、屯所に連れ戻されて、沖田の介錯で切腹させられた。一時は近藤の片腕だった実力派で、温厚な剣客だった。三十三歳。

新見《にいみ》　錦《にしき》

一八三六（天保七）年、常陸国水戸生。水戸藩脱藩浪士で神道無念流免許皆伝。芹沢の腹心だった。新選組副長で初期は局長クラスのナンバー3だったが、芹沢暗殺の直前に、祇園の座敷で法度破りの罪により、近藤派に詰め腹を切らされた。二十八歳。

沖田《おきた》　総司《そうじ》

一八四二（天保十三年）年？、江戸詰の白河藩士邸生、幼名・宗次郎。九歳で試衛館に入門。弱冠二十歳で塾頭になった無類の天才剣士。新選組でも近藤の秘蔵っ子として一番隊組長を務め、切り込み隊長として人斬り役に徹した。北辰一刀流の免許皆伝の藤堂平助や山南敬助らの剣豪も子供扱いで、近藤よりも強かったといわれる。親知らずの不遇な少年期を過ごした沖田の剣は、厳しく非情だったという。淡々と隊の掟に従い、淡々と人を斬りながらも、優しさの漂う薄幸の男の美学が共感を呼び、新選組のアイドルとして女性人気はトップ。明治元年、江戸に帰ったが、戦うことなく孤独な病死を遂げた。二十七歳？。

永倉《ながくら》　新八《しんぱち》

一八三九（天保十）年、松前藩江戸藩邸生。神道無念流の達人。試衛館客分で、近藤らと浪士隊に参加して入洛。新選組二番隊長として近藤、土方の片腕だった。江戸に敗走後、近藤と分かれて靖兵隊を結成。奥州路に転戦したが生き残った。その後、旧松前藩医の婿養子になり、刑務所剣道師範や東京で剣道場を開き、板橋駅前に近藤、土方の墓を建てた。晩年「新選組顛末記」を書き、生き証人として新選組を世に知らしめた。一九一五（大正四）年、小樽で天寿を全うした。七十七歳。

伊東《いとう》　甲子太郎《かしたろう》

一八三五（天保六）年、常陸志筑生。志筑藩脱藩者。神道無念流、北辰一刀流剣術。水戸学を学び尊攘論者。一八六四（元治元）年、藤堂の引きで新選組に入隊。参謀、文学師範を務めた。佐幕派の近藤と袂を分かち、同士を連れ新選組を離隊するが一八六五（慶応三）年十一月、新選組に暗殺される（油小路の変）。三十三歳。

原田《はらだ》　左之助《さのすけ》

一八四〇（天保十一）年、伊予松山生。松山藩脱藩者で

宝蔵院流槍の名手。江戸で近藤と会い、浪士隊として入洛。以後、十番隊長を務め、池田屋騒動、禁門の変などで活躍、甲陽鎮撫隊まで近藤に同行した。永倉らと靖兵隊を結成したが、上野で戦死した。またなぞの龍馬暗殺の犯人説もある。二十九歳。

井上 源三郎《いのうえ げんざぶろう》

一八二九（文政十二）年、日野宿生。同郷の土方らと浪士隊に加わり入洛。六番隊長など新選組の中核メンバーとして活躍した。隊士の中では最古参で地味だが、温厚な性格が若い隊士の人望を集めたという。鳥羽・伏見の戦いで戦死した。三十九歳。

斎藤 一《さいとう はじめ》

一八四四（天保十五）年、播州生。一刀流で沖田と双璧の名剣士だった。新選組京募集の一期生。三番隊長として池田屋騒動など最前線で戦った。近藤と最後まで行動を共にした後、山口二郎と改名して会津に転戦。生き残り、会津藩の娘と結婚して藤田五郎と改名、警視庁に入り西南戦争にも参加。退職後は東京師範の剣道教師を務めた。晩年は旧会津藩士として生きた。一九一五（大正四）年、波乱の生涯を閉じた。七十二歳。

松原 忠司《まつばら ちゅうじ》

大坂浪士。新選組第一次募集で入隊。柔術の腕を買われて四番隊長を務めた。八・一八の政変では坊主頭に白鉢巻きの弁慶スタイルで登場、一躍名を馳せた。池田屋騒動にも参加するなど初期に活躍したが、慶応元年九月、自ら斬殺した紀州浪人の妻と深い仲になり、土方にとがめられ心中した。

藤堂 平助《とうどう へいすけ》

一八四四（天保十五）年生。江戸浪士。千葉道場で北辰一刀流を学び、試衛館の内弟子になる。最初の試衛館派の一人で、文武両道の人だったという。後半には伊東甲子太郎に傾倒して高台寺党を結成したが、慶応三年の油小路の変で殺害された。二十四歳。

谷 三十郎《たに さんじゅうろう》

備中高梁生。神陰流剣術家で槍の名手。兄と弟の三人で入隊。七番隊長などを務め、池田屋騒動などで活躍。八番大砲組も率いた。慶応二年三月、祇園石段下で斬殺された（病死説も）。

島田 魁《しまだ さきがけ》

一八二八（文政十一）年、美濃生の大垣藩脱藩浪士。三

十六歳で入隊、巨漢の怪力と剣術を買われ、幹部として活躍。池田屋騒動、油小路の変、鳥羽・伏見の戦いなどに参加。その後も甲州、会津、箱館戦争まで転戦、新選組の最後までを見届けた。明治になって京へ舞い戻り、市中見廻り時に知り合った女性と結婚。雑貨屋や仏具屋に勤め、最後は西本願寺警備員として静かな老後を送った。昭和四八年に日記が発見され「島田魁日記」として新選組を知る貴重な資料となった。七十三歳。

河合　耆三郎《かわい　きさぶろう》

播州高砂生。隊の勘定方だったが、帳簿の不正をとがめられ慶応二年二月、切腹。二十九歳。

吉村　貫一郎《よしむら　かんいちろう》

一八四〇（天保十一）年、奥州南部生。北辰一刀流剣術師。慶応元年、江戸で入隊。剣術師範と監察・取調役など裏方を務める。鳥羽・伏見の戦い後、脱走して切腹。二十九歳（鳥羽の戦場で戦死とも）。

平山　五郎《ひらやま　ごろう》

播磨国姫路出身。神道無念流免許皆伝。芹沢鴨の腹心で副長助勤を務めた。大坂での力士乱闘事件などにかかわるが文久三年九月、芹沢とともに八木邸で近藤派に暗殺される。三十五歳。

野口　健司《のぐち　けんじ》

一八四三（天保十四）年、常陸国水戸生。神道無念流。浪士隊として芹沢らと入洛。副長助勤を務める。大坂の力士乱闘事件などに関与するが一八六三（文久三）年十二月、芹沢派の残党として屯所で切腹させられる。二十一歳。

武田　観柳斎《たけだ　かんりゅうさい》

出雲国松江藩出身。医師を志し江戸に遊学、甲州流軍学も学ぶ。京で新選組に入隊。五番隊長と文学師範を兼務、近藤のブレーンとして活躍した。慶応三年に隊を脱走するが、竹田街道の銭取橋で新選組に殺害された。

三浦　啓之助《みうら　けいのすけ》

一八四八（弘化五）年、信州松代生。洋学者・佐久間象山の次男で勝海舟の甥。象山暗殺後、勝や山本覚馬の引きで元治元年に新選組入隊。粗暴で隊規を乱し、粛清されかけたが脱走。戊辰戦争で薩摩軍に参加、越後方面に転戦した。明治に入り、西郷に預けられ、松山裁判所判事などを務め、明治十年に異色の隊士の生涯を遂げた。二十九歳。

新選組隊士編成表

第1次編成（文久3年6月）

局長	芹沢鴨、近藤勇、新見錦
副長	山南敬助、土方歳三
助勤	沖田総司、永倉新八、原田左之助、藤堂平助、井上源三郎、平山五郎、野口健司、平間重助、斎藤一、尾形俊太郎、山崎蒸、谷三十郎、松原忠司、安藤早太郎
調役並監察	島田魁、川島勝司、林信太郎
勘定役並小荷駄方	岸島芳太郎、尾関弥兵衛、河合耆三郎、酒井兵庫

第2次編成（慶応元年夏）

局長	近藤勇
副長	土方歳三
参謀	伊東甲子太郎
組長	沖田総司、永倉新八、斎藤一、松原忠司、武田観柳斎、井上源三郎、谷三十郎、藤堂平助、鈴木三樹三郎、原田左之助
伍長	島田魁ら約20人
調役・監察	吉村貫一郎、尾形俊太郎、山崎蒸ら6人
勘定役	河合耆三郎

伏見・鳥羽の戦い時編成（慶応3年12月）

局長	近藤勇
副長	土方歳三
副長助勤	沖田総司、原田左之助、尾形俊太郎、山崎蒸、永倉新八、井上源三郎、斎藤一
浪士調役	吉村貫一郎、大石鍬次郎、川村隼人
会計方	岸島芳太郎ら7人
伍長	島田魁ら11人

年表

幕末維新年表

年代	月日	事暦
一八五三（嘉永六）年	六月三日	浦賀にペリー率いる米国艦隊（黒船）が来航。
	六月九日	ペリー、久里浜に上陸、フィルモア米大統領の国書を渡す。
	七月一日	老中・阿部正弘、米国国書の返書に関して、大名、旗本らに諮問。
	十一月一日	幕府、米国国書の返書に関して、諾否を名答せずに退去させる方針を布告。
一八五四（安政元）年	一月十六日	ペリー率いる米艦七隻来航。
	三月三日	幕府は勅許を得ることなく日米和親条約に調印。
一八五五（安政二）年	六月二九日	幕府は大名、旗本に洋式銃陣の修練を命ずる。
	十月二日	安政の大地震。
	十月九日	幕府、佐倉藩主・堀田正睦を老中首座に任命。
一八五六（安政三）年	七月二一日	米駐日総領事・ハリス、下田に来航。
一八五八（安政五）年	二月九日	老中・堀田正睦、全権・井上清直ら通商条約の勅許を得るために参内するが勅許を得られず。
	四月二三日	彦根藩主・井伊直弼、大老に就任。
	六月十九日	幕府は勅許を得ることなく日米修好通商条約に調印。
	七月六日	将軍・徳川家定没　三五歳。
	九月七日	安政の大獄始まる。

	十月二五日	徳川家茂十四代将軍となる。
一八五九(安政六)年	八月二七日	幕府、徳川斉昭に国許永蟄居、一橋慶喜らに隠居・謹慎を命ずる。
一八六〇(万延元)年	一月十三日	幕府の軍艦・咸臨丸、米国に向かう。
	三月三日	大老・井伊直弼暗殺される（桜田門外の変)。
	九月三十日	近藤周助、勇、武蔵国府中六所宮へ天然理心流の大扁額を奉納。
	十一月一日	皇妹・和宮、将軍家茂への降嫁を発表。
一八六一(文久元)年	八月二八日	近藤勇、武蔵国府中六所宮で天然理心流四代目襲名披露の野試合を行う。
一八六二(文久二)年	一月十五日	老中・安藤信正、浪士に襲われる（坂下門外の変)。
	四月二三日	寺田屋騒動。
	七月六日	一橋慶喜を将軍後見職とする。
	七月二七日	京都守護職を設置。
	八月二一日	生麦事件。
	閏八月一日	松平容保を京都守護職に任命。
一八六三(文久三)年	二月八日	清河八郎、芹沢鴨、近藤勇ら江戸で募集された浪士組一行、江戸を出発。
	二月二二日	尊王攘夷派志士が足利三代将軍の木像を晒す。
	二月二三日	浪士組一行、京・三条大橋に着き、壬生村に入る。
	二月二四日	清河八郎、尊王宣言文の建白書を御所学習院に提出。
	三月四日	将軍家茂二条城に入る。
	三月十一日	孝明天皇、下鴨・上賀茂両社に行幸し攘夷祈願。家茂も従う。

年代	月日	事暦
	三月十二日	芹沢、近藤ら浪士残留組は、会津藩お預かりとなる（新選組）。
	三月十三日	幕府は清河八郎ら浪士組を江戸に帰らせる。
	三月二八日	浪士組、江戸に到着。
	四月十三日	清河八郎暗殺される。
	五月十日	長州藩が攘夷を決行し、下関で外国船を砲撃。
	七月二日	薩英戦争。
	八月十七日	中山忠光、吉村寅太郎ら天誅組が大和五条の代官所を襲う（天誅組の変）。
	八月十八日	公武合体派が宮中クーデターを決行し、尊王急進派七卿と長州勢力が御所から締め出される（八・一八の政変）。 新選組の島田魁が日記に「八月十八日、長州引揚げし節、当組南門前を守る。その節、伝奏より新選組の隊名を下さる」と記す。
	九月十四日	新見錦切腹。
	九月十八日	芹沢鴨、平山五郎、粛清の名のもとに惨殺される。
一八六四（元治元）年	三月二五日	一橋慶喜、禁裏御守衛総督を命ぜられる。
	三月二七日	武田耕雲斎ら挙兵する（天狗党の変）。
	四月十一日	松平定敬（守護職・松平容保の弟）、京都所司代に就任。
	四月二六日	見廻組結成される。
	六月五日	京・三条の池田屋で密会している尊攘派浪士を新選組（近藤、沖田、永倉、藤堂）が捜しあて、斬り込む（池田屋騒動）。

	七月十一日	佐久間象山が肥後藩士・河上彦斎らに暗殺される。
	七月十九日	長州藩と幕府側が京都御所の蛤御門で戦闘（禁門の変）。
	八月二日	第一次征長の役。
	八月五日	英・米・仏・蘭四国連合艦隊、下関海峡で長州藩と交戦。
	九月三十日	近藤勇帰郷。
	十月十五日	新選組に新加入の伊東甲子太郎一派が江戸を出発。
	十二月十七日	水戸天狗党、加賀藩に降伏する。
一八六五（慶応元）年	二月二三日	山南敬助、新選組を脱走するが捕らえられ切腹。介錯は沖田総司。
	三月十日	新選組は壬生の屯所が手狭になったので西本願寺に移る。
	九月二一日	第二次征長の役。
	十一月四日	長州訊問使・永井尚志につき近藤勇ら広島へ向かう。
一八六六（慶応二）年	一月八日	近藤勇、再度広島へ向けて出立。
	一月二一日	薩長同盟が成立する。
	二月十二日	近藤勇が使った金の件で罪を被せられ、新選組・河合耆三郎斬首。
	七月二十日	将軍家茂、大阪城内で病死　二一歳。
	八月二一日	第二次征長中止の沙汰が出る。
	九月	三条大橋の制札に危害を加える浪士を新選組が斬り伏せる。
	十二月五日	徳川慶喜十五代将軍になる。
	十二月二五日	孝明天皇崩御。
一八六七（慶応三）年	三月二十日	伊東甲子太郎、禁裏御陵衛士を拝命し、新選組から離れる（高台寺党結成）。

年代	月日	事暦
	六月十日	新選組、幕府の直参となる。
	六月十四日	幕府直参に異論を唱えた新選組の茨木司、佐野七五三之助らが会津藩邸の別の間で斬殺される。
	六月十五日	新選組の屯所が西本願寺から不動堂村へ移転。
	八月十四日	徳川慶喜の臣、原市之進が暗殺される。
	九月二十日	近藤勇、土佐藩重役・後藤象二郎に引き会わされ、心許して話し合う。
	九月二三日	明治天皇即位。
	十月十五日	徳川慶喜、大政奉還勅許の沙汰を受ける。
	十一月十五日	坂本龍馬、中岡慎太郎が近江屋の二階で、幕府見廻組に斬殺される。
	十一月十八日	伊東甲子太郎らが暗殺される（油小路の変）。
	十二月七日	海援隊、陸援隊士が天満屋で紀州藩士・三浦久太郎と新選組を襲撃する（天満屋騒動）。
	十二月九日	王政復古の大号令により将軍職が廃止になる。
	十二月十八日	近藤、伏見の墨染辺で高台寺党の残党に狙撃され、右肩を負傷する。療養のため大坂へ下り、あとを土方歳三に託す。
一八六八（慶応四）年【明治元年】	一月三日	上鳥羽の小枝橋で薩摩兵が発砲、鳥羽・伏見の戦いが起こる（戊辰戦争）。
	一月五日	新選組は会津兵と共に戦っていたが長州兵に押され、淀に後退。
	一月六日	土方歳三ら淀堤の千本松に布陣したが、薩摩兵に破れ敗走。

		近藤ら大坂出帆、江戸へ向かう。
	一月七日	大坂城の慶喜は、松平容保、定敬を伴い開陽丸で東帰し、恭順の意を表す。新選組も敗走する。
	二月十二日	慶喜、上野東叡山大慈院に蟄居。
	三月六日	甲陽鎮撫隊、勝沼にて戦闘するが敗戦。
	三月十三日	西郷、勝と会見し江戸開城なる。
	四月十一日	慶喜、水戸へ退去。
	四月二五日	近藤勇、板橋の刑場で斬首　三五歳。
	閏四月八日	京・三条河原で近藤勇の首、晒される。
	五月十五日	上野彰義隊壊滅。
	五月二四日	徳川家駿府に封じられ、七十万石を賜る。
	五月三十日	沖田総司、江戸で病死　二七歳。
	八月十九日	榎本武揚、幕府の艦隊八隻を率い脱走。
	九月十四日	官軍、鶴ヶ城＝会津若松城総攻撃。
	九月二二日	会津藩降伏。
一八六九(明治二)年	五月十一日	箱館にて土方歳三戦死　三五歳。
	五月十八日	榎本武揚ら降伏。戊辰戦争終わる。
一九〇〇(明治三三)年	三月二十日	元新選組隊士・島田魁病死　七三歳。
一九一一(明治四四)年	六月十三日	元新選組隊士・篠原泰之進病死　八三歳。
一九一五(大正四)年	一月五日	元新選組隊士・永倉新八死去　七七歳。
	九月二八日	元新選組隊士・斎藤一死去　七二歳。

新選組は民間史学の華

新選組は民間史学の華である。京洛に点在するゆかりの史跡を訪れると、隊士たちの奔走する息吹を感じずにはいられない。

新選組は一八六三（文久三）年二月二十三日、幕府浪士組の一員として入洛した。その夜、策士家・清河八郎はおもだった者を幹部の宿舎である新徳寺本堂に集めて大演説をはじめた。

―このたび幕府のお世話によって上京したものの禄位などは受けておらず、ただただ尊攘の大義を願うものである―

寝耳に水の話に唖然《あぜん》と聞き入るばかりで誰一人反論する者はいない。

京洛の地は皇都といい皇《みかど》の都《みやこ》。近藤勇は水戸浪人・芹沢鴨の思想である〝尊王敬幕〟の水戸学の影響を強く受けていた。

近藤の入洛まもない詩にも信条が込められていた。

恩を負うて義を守る皇州の士
一志を伝えんか洛陽に入る
昼夜の兵談何事をなさん
攘夷誰と斗《はか》らん布衣《ほい》の郎

この高邁《こうまい》な精神により強固な組織づくりがなされた。鬼副長・土方歳三の峻烈《しゅんれつ》な隊規のもと、殿内、芹沢らの一派が次々と血の粛清を受け、誠の隊旗のもと、日々の任務は苛烈《かれつ》を極めた。

新選組の身分は京都守護職・松平容保《かたもり》お預かり、生活は鼻紙代にも事欠くありさまで、京坂の豪商から軍資金の名目で調達を行った。この調達をめぐり壬生の狼とまで呼ばれた。幕府の新選組の評価は活動の出来高払い、市中の不逞《ふてい》浪士狩りはこんなこともあって取り締まりは強化されていった。

新選組の隊内も芹沢がいた頃は七十名いた隊士が、相次ぐ脱走や粛清などで四十名ほどに減っていた。それに加え隊内では拝金主義、男色が流行するなど最悪であった。

市中取り締まりで、桝屋喜右衛門という商人が網にかかった。家を探索すると不審な武具が多数存在、土方の拷問《ごうもん》に耐えきれず、陰謀が発覚した。桝屋は本名・古高俊太郎といい、長州人らと禁裏御所を強風の折に焼き払い、孝明天皇を長州へ連れ去り、京都守護職、京都所司代を討ち取る企てであった。

近藤と土方は二手に分かれ洛東周辺を探索した。近藤のところへ木屋町・池田屋での密会の情報が入り、沖田、永倉、藤堂のたった四名で急襲、近藤は開口一番"御用お改め、手向かいいたすにおいてはようしゃなく斬り捨てるぞ"と大声で一喝した。戦闘数時間に及んだ。世にいう池田屋騒動である。

新選組はその後も屯所を壬生から西本願寺、さらに不動堂村に移し、隊士の身分も幕府直参となった。だが、徳川幕府は崩壊寸前、ついに将軍慶喜《よしのぶ》は大政奉還した。鳥羽・伏見の戦いでは、旧幕府軍の中にあって新選組は善戦したが利あらず敗走した。京洛における新選組の誕生から瓦解《がかい》まで五年間はまさに光と陰、幕末史にその足跡を残した。

霊山歴史館学芸課長
木村 幸比古

著者略歴

◇三 浦 隆 夫 (みうら・たかお)

1938 (昭和13) 年、北海道生まれ。同志社大・文学部英文学科卒後、京都新聞社に入社。東京支社編集部長、論説委員、編集委員を経て、1997年に退社。著書に「京都ことわざ散歩」「能百番を歩く」(いずれも京都新聞社)「週刊　古寺をゆく」(小学館)「週刊　神社紀行」(学研)など。日本ペンクラブ会員。

◇早 内 高 士 (はやうち・たかし)

1941 (昭和16) 年、島根県生まれ。同志社大・新聞学専攻卒後、京都新聞社に入社。編集局社会部、政経部、文化部、運動部記者を経て、現在編集委員兼論説委員。著書に「おんなの史跡を歩く」「京の女将さん」「京おんな・京おとこ」「技を継ぐ」(いずれも京都新聞出版センター刊・共著) など。日本旅のペンクラブ会員。

◇西 村 彰 朗 (にしむら・あきお)

1939 (昭和14) 年、大阪市生まれ。同志社大学卒後、京都新聞社に入社。編集局学芸部、政経部記者、秘書部長、論説委員、伝統芸能専門記者を経て、演劇評論を主に執筆活動を続ける。著書に「一方の花—五代目上村吉弥の生涯」、共著に「京の思想家散歩」「京都の文学地図」「活路をさぐる」など。

〔参考文献〕

『新選組始末記』(子母澤寛・中央公論社)、『新選組遺聞』(子母澤寛・中央公論社)、『新選組物語』(子母澤寛・中央公論社)、『新選組全史』(中村彰彦・角川文庫)、『新選組、京をゆく』(木村幸比古・淡交社)、『新選組余話』(小島政孝・小島資料館)、『京都の歴史 第七巻 維新の激動』(京都市・京都市史編纂所)、『司馬遼太郎歴史歓談』(司馬遼太郎他・中央公論社)、『幕末維新　新撰組・勤皇志士・佐幕藩士たちのプロフィール』(幕末研究会・新紀元社)、『ふぃーるどわーく　京都　東』(歳月堂)、『ふぃーるどわーく　京都　西』(歳月堂)、『ふぃーるどわーく　京都　南』(歳月堂)

〔協　　力〕

宮内庁京都事務所、京都市観光部観光振興課、京都市観光協会、国際日本文化研究センター、戒光寺、京都霊山護国神社、月真院、光縁寺、弘源寺、金戒光明寺、三縁寺、新徳禅寺、泉涌寺、天龍寺、西本願寺、壬生寺、妙教寺、元離宮二条城、角屋もてなしの文化美術館、寺田屋、霊山歴史館、本徳寺、日野市、日野市ふるさと博物館、石田寺、高幡不動尊、龍源寺、小島資料館、土方歳三資料館、会津若松市観光課、函館市商工観光部観光室観光課、函館市教育委員会、市立函館博物館、市立函館図書館、称名寺、江差町教育委員会、京都新選組同好会、京屋忠兵衛、田野製袋所、青木繁男氏、有山董氏、白幡洋三郎氏、八木喜久男氏、佐藤福子氏、谷春雄氏

〔表紙写真協力〕

国際日本文化研究センター

〔人物写真協力〕

霊山歴史館

京都新聞出版センター　刊行図書のご案内　定価は税込(5%)

幕末・維新 彩色の京都……白幡洋三郎 著

■定価 一、二六〇円　B5判・オールカラー／一三四頁
京都・近江を舞台にした彩色写真一三〇点余を収録。一〇〇年前の懐かしい風景や庶民の暮らしがいま鮮やかによみがえる。

愛のかたち 京に燃えたおんな……堀野廣 文

■定価 一、四七〇円　A5判・オールカラー／二二四頁
小野小町・お市の方・日野富子など、妻・母・女として京を舞台に愛に燃えた女性五〇人の生涯を描く。

維新前夜の京をゆく 志士清風録……京都新聞出版センター編

■定価 一、四〇〇円　A5判・オールカラー／一六〇頁
坂本龍馬、西郷隆盛、桂小五郎…。日本の夜明けに命を賭けた若き志士たちの生き様を、詳細な史跡マップとともに綴る幕末維新ガイドブック！

第1回 京都検定 問題と解説……京都新聞出版センター編

■定価 一、〇〇〇円　四六判変形／二〇八頁
第1回「京都検定」2級・3級全200問の解答に、歴史作家・高野澄氏による掘り下げた解説を加えた、読み物としても楽しめる一冊。

おぼえておきたい 京の名せりふ……高野澄 著

■定価 一、二〇〇円　A5判／一六〇頁
歴史作家・高野澄氏の書き下ろし。誰もが一度は耳にしたことのある京都ゆかりの名せりふ66編を、その誕生秘話、時代背景などとともに紹介。

京から奥州へ 義経伝説をゆく……京都新聞出版センター編

■定価 一、四〇〇円　A5判・オールカラー／一四四頁
宿命に生きた悲劇の主人公、源義経。ふるさとの京都をはじめ、北海道から西日本各地に伝わる伝説と、短くも波乱に富んだ生涯を描く。

おんなたちの源平恋絵巻……高城修三 著

■定価 一、五七五円　A5判・オールカラー／一六〇頁
源平合戦の陰で、政治や社会にほんろうされながら、しなやかに、あるいは悲しみを抱いた女たちの軌跡を描く芥川賞作家・高城修三氏書き下ろしの力作。

京のご利益さんめぐり100選……京都新聞出版センター編

■定価八四〇円　四六判変形・オールカラー／二二八頁
京都に数ある「ご利益さん」から厳選の100スポットをエリア別に紹介。立ち寄りスポットや詳細マップも充実の、持ち運びにも便利なガイドブックです。

ガイドブック京都……京都新聞出版センター編

■定価 一、二〇〇円　A5判・オールカラー／二三二頁
京の観光スポットを定番から最新情報まで一挙紹介！ほか、話題の魔界、年中行事、世界遺産、花ごよみなどの情報も。

ウオ〜キング京都……京都新聞出版センター編

■定価一、五〇〇円　A5判・オールカラー／二〇八頁
いいね！小さな発見五〇コース。歴史あり、自然あり、京都府内で気軽に行ける多彩なコースを案内します。名所、旧跡からトイレ、昼食情報まで網羅！

〔構成・取材〕　中村健介
中井美里
岡本俊昭
竹島靖雄

〔写　　真〕　北　久三

〔デザイン〕　木村康子

〔取材協力〕　トラディショナルジャーナル社

維新前夜の京をゆく　**新選組見聞録**

2003年7月11日　初版発行　©2003
2005年7月1日　第5版発行

編　者　京都新聞出版センター
発行者　栗　新二
発行所　京都新聞出版センター
〒604-8578　京都市中京区烏丸通夷川上ル
TEL 075-241-6192　FAX 075-222-1956
http://www.kyoto-pd.co.jp

ISBN4-7638-0520-7 C0026　印刷・製本（株）図書印刷同朋舎